Angela Dunemann-Gulde

Yoga und Bewegungsspiele für Kinder

Angela Dunemann-Gulde

Yoga und Bewegungsspiele für Kinder

Für 4- bis 10-Jährige

Kösel

Verlagsgruppe Random House FSC-DEU-0100
Das für dieses Buch verwendete FSC®-zertifizierte Papier *Hello Fat Matt 1,1*
liefert die »Deutsche Papier Vertriebs GmbH«.

4. Auflage 2012
Copyright © 2005 Kösel-Verlag, München,
in der Verlagsgruppe Random House GmbH
Umschlag: Fuchs-design, München
Umschlagmotive und Fotos im Innenteil: Marc Jacquemin, Frankfurt/M.
Illustrationen: Klaus Eckert, Frankfurt/M.
Layout und Herstellung: Armin Köhler, Vaterstetten
Druck und Bindung: Polygraf Print, Presov
Printed in Slovak Republic
ISBN 978-3-466-30693-0

www.koesel.de

Inhalt

7 Vorwort
9 Dank
10 Wegweiser durch das Buch

1. Wunder sind allgegenwärtig – eigene Stärken und neue Möglichkeiten entdecken 13

14 Ein Wunder geschehen lassen
21 Die Quelle der Wunderperlen Teil 1 – eine Geschichte zum Träumen, Staunen, Üben und Entspannen

2. Yoga – ein wundervoller Weg zu sich selbst . . . 31

31 Wie wirkt Yoga?
33 So bereiten Sie sich und Ihr Kind am besten vor

3. Eine Wanderung beginnt mit dem ersten Schritt – kleine Übungsreihe zum Kennenlernen der Grundsätze im Yoga 35

41 Yoga - uralt und doch ganz aktuell
42 Der kleine indische Prinz – einfache Übungsreihe für AnfängerInnen

4. Wundervolle Verwandlung – Lockerungs- übungen, Atemübungen und Asanas 53

54 Am Meer
58 Tierisch gut
67 Bei den Indianern
72 Zauberatem

5. Begegnungen – Yogaspiele und Partnerübungen 75

75 Nestwärme – Eltern-Kind-Übungen zum Wohlfühlen
82 Spielwiese – Partnerübungen für zwei Kinder
84 Kribbel Krabbel – praktische Massagen und Massagespiele

6. Fliegender Teppich – rund um das Thema Entspannung 87

88 Die richtige Lage
89 Hinführung
90 Entspannungsmethoden
94 Traumbilder
95 Rückführung

7. Traumhafte Geschichten zum Vorlesen, Träumen, Üben und Entspannen 97

98 Die kleine Muschel
99 Willi Wurm
102 Kati, die mutige Kastanie
104 Lollo Löwenzahn
106 Die Quelle der Wunderperlen Teil 2
110 Die Quelle der Wunderperlen Teil 3

Anhang 115

115 Adressen
116 Buchtipps
117 Verzeichnis der Übungen

Vorwort

Stellen Sie sich vor, die Kindheit wäre wie ein Leuchtturm. Sie wäre eine Lebensphase, die an Bedeutung und Intensität von späteren Lebensaltern kaum übertroffen werden kann. Ein Leuchtturm weist den Weg, er warnt vor Gefahren, er ist ein Orientierungspunkt im Dunkeln.

Dieses Buch möchte ein kleiner Beitrag sein, Ihnen und Ihrem Kind den Alltag zu bereichern. Es möchte ein Leuchtturm sein, der vielleicht dort, wo etwas im Dunklen, im Schatten liegt, Licht bringt.

Licht und Schatten, Freude und Schmerz sind miteinander verbunden wie Tag und Nacht. Daher ist es wichtig, möglichst früh zu erfahren, was hilfreich auf dem Lebensweg ist. Das kann nur über den Weg der Selbsterfahrung geschehen.

Wenn Menschen bereits in ihrer Kindheit spüren und ausdrücken dürfen, was gut tut und was nicht, haben sie für ein erfülltes Leben eine wunderbare Quelle entdeckt. Die uralte Tradition des Yoga in Verbindung mit modernem pädagogischen und psychologischen Wissen kann eine solche Quelle für Kinder sein.

Yoga ist für mich seit 25 Jahren ein wichtiger Begleiter. Zwischen all den verschiedenen Rollen und Aufgaben in der Familie, im Beruf, im sozialen Kontext, war und ist Yoga für mich der ruhende Pol, der Ort, wo ich auftanken und neue Kräfte schöpfen kann. Als Mutter, Sozialpädagogin, Yogalehrerin und Kindertherapeutin bin ich seit vielen Jahren im Kontakt mit Kindern. Seit 1988 arbeite ich im Albert-Schweitzer-Kinderdorf in Wetzlar. In dieser Zeit sind mir viele persönliche Schicksale und auch kindliche Dramen begegnet, die manchmal sehr wenig Hoffnung auf eine positive Entwicklung zulassen.

Die Fähigkeit vieler Kinder, dem Leben trotzdem etwas Gutes zu entlocken, beeindruckt mich immer wieder. Sie an dieser Stelle zu unterstützen, ihnen Mut zu machen, die eigenen Stärken zu entdecken, ist für mich Dreh- und Angelpunkt in der Arbeit.

Yoga wirkt positiv auf Körper, Geist und Seele.

Seit zehn Jahren unterrichte ich Yoga. Es ist mir eine große Freude zu erleben, wie positiv Yoga auf die Entwicklung von Kindern wirken kann. All die vielen Erfahrungen und Beobachtungen sind in dieses Buch eingeflossen.

Die erfahrenen »Yogis« unter den Lesern mögen Nachsicht haben, dass ich in den Geschichten bisweilen kreativ mit den Namen der einzelnen Übungen umgegangen bin. Ich erlaube mir ab und zu eine gewisse dichterische Freiheit. Ebenso habe ich darauf verzichtet, die klassischen Sanskritnamen für die Übungen zu verwenden. Die Kinder können die Bezeichnungen in ihrer Sprache sicherlich besser verstehen. Im Anhang findet sich für interessierte LeserInnen eine entsprechende Zuordnung der Sanskritnamen.

Nun wünsche ich mir, dass Sie und Ihr Kind viel Freude mit diesem Buch haben mögen!

Yoga macht Spaß – und wie keine andere Bewegungsart fördert Yoga die körperliche, emotionale und geistige Entwicklung von Kindern. Es lässt sich wunderbar alleine, zu zweit oder in der Gruppe üben.

Dank

Mein Dank gilt vielen Menschen, denen ich auf meinem Yogaweg und beim Verfassen dieses Buches begegnet bin. Sie haben mich alle unterstützt und bereichert.

Stellvertretend möchte ich anerkennen:

Meine Eltern, sie haben meine Liebe zur Natur und das Bewusstsein für ein gesundes Leben geweckt; Frau Irene Gießner, meine erste Yogalehrerin, hat mein Interesse am Yoga wachsen lassen, sie hat mir gezeigt, dass es möglich ist, bis in das hohe Alter lebendig und beweglich zu bleiben; Gerhild Euler, die mich auf die Idee gebracht hat, Yoga auch an Kinder weiterzugeben; meine Kolleginnen unseres Yogainstituts, Mandala, gemeinsam mit ihnen durfte und darf ich »spinnen«, mich auseinander setzen, an unserem Yogazentrum weiterbauen; Martha Fritsch hat mir durch ihr Yogabuch für Schwangere gezeigt, dass es funktionieren kann, Träume zu leben; all die vielen Kinder, die mir in die Welt des Yoga gefolgt sind, die für mich oft die besten »Lehrmeister« waren; ihre Eltern für das Vertrauen, das sie mir entgegenbrachten; mein Mann und meine Söhne, sie mussten so manchen Hilferuf bezüglich der Technik über sich ergehen lassen und sich auch sonst einiges anhören; zwei wunderbar kreative Männer, der Illustrator, Klaus Eckert, und der Fotograf, Marc Jacquemin, mit seiner Geduld und seinem Einfühlungsvermögen wurden die Fototermine zu drei tollen Sommertagen draußen in Wetzlars Natur; die »Modelle«, Sebastian, Josh, Lidwina, Maria, Lina, Ines, Yanik, Eva und die kleine Wunderfee, Luisa, die trotz blendenden Aufhellern und ewigen Wiederholungen nicht ihre gute Laune verloren; schließlich den Kösel-Verlag für die wunderbare Umsetzung des Manuskripts und die Lektorin, Heike Mayer, für die selbst unter Zeitdruck gute und entspannte Zusammenarbeit.

Wegweiser durch das Buch

Es gibt verschiedene Möglichkeiten, dieses Buch zu lesen und mit ihm zu üben. Damit Sie Ihren und den Bedürfnissen Ihres Kindes entsprechend damit umgehen können, hier zunächst eine kleine Übersicht.

Aufbau des Buches

Kinder lieben Geschichten. Viele der Yogaübungen dieses Buches sind daher in Geschichten eingebettet und lassen sich so in wunderbare Spielhandlungen verwandeln.

Durch das ganze Buch zieht sich das Abenteuer der kleinen Wunderfee und des Trolls: »Die Quelle der Wunderperlen«. Dieses Abenteuer ist in drei Geschichten aufgeteilt, die nach und nach gelesen und mit den entsprechenden Yogaübungen dazu lebendig werden. Die kleine Wunderfee und der Troll haben eine Aufgabe zu erfüllen und sie laden Sie und die Kinder herzlich ein, sie dabei zu unterstützen. Mit jeder Geschichte und jeder Übung nähern Sie sich so gemeinsam der Auflösung. Das Bild auf Seite 114 kann Ihnen und Ihrem Kind dabei Begleitung und Motivation sein. Weitere Einzelheiten dazu finden Sie im ersten Kapitel ab Seite 17.

Lesen Sie die Kapitel 1 bis 3 am besten zu Beginn, sie enthalten viele grundlegende Informationen zum Yoga. Im 4. Kapitel finden Sie zahlreiche Yogaübungen zu bestimmten Themen, die Kinder faszinieren und mit denen sie sich gerne identifizieren, etwa Tiere oder Indianer. Diese Übungen finden sich in den späteren Geschichten des Kapitels 7 wieder. Das 5. Kapitel umfasst Partnerübungen für Eltern und Kind oder zwei Kinder, Massagen und leichte Atemübungen. Im 6. Kapitel lesen Sie alles Wissenswerte über die Entspannung, verschiedene Methoden dazu und kleine Traumbilder. Das 7. Ka-

Die kleine Wunderfee und der Troll begleiten Sie und die Kinder durch das Buch.

pitel enthält sechs Geschichten zum Vorlesen und Üben. Die ersten vier sind auch unabhängig von der Rahmengeschichte zu verstehen, die letzten beiden bilden den Abschluss des Abenteuers der kleinen Wunderfee. Suchen Sie sich aus, was Ihnen und Ihrem Kind jetzt gerade am meisten Freude macht.

Umgang mit den Übungen und den Geschichten

Alle Yogaübungen sind genau beschrieben und auf Fotos dargestellt. Sicherlich werden Sie beim genauen Betrachten der Fotos feststellen, dass die Kinder die Übungen nicht immer ganz perfekt ausführen. Möglicherweise geht es Ihnen mit Ihrem Kind genauso. Jede Übung enthält verschiedene Details, die sich anhand der Anleitungen nach und nach erschließen lassen. Beachten Sie die grundlegenden Dinge und experimentieren Sie - ganz nach Ihren Bedürfnissen und Möglichkeiten.

Solange es Ihnen und dem Kind Freude bereitet und gut tut, machen Sie es richtig.

Sie können die Geschichten einbeziehen und erst lesen, dann üben oder umgekehrt. Sie können aber auch losgelöst von den Geschichten die Übungen aussuchen, die Sie und Ihr Kind ansprechen.
Die Geschichten folgen einem bestimmten Aufbau: lockern, üben, entspannen. Wenn Sie also erst lesen und dann üben, heben Sie sich den Schluss der Geschichte (dieser ist gekennzeichnet) für die Entspannung nach dem Üben auf. Zu jeder Übung finden Sie Hinweise zu ihrer Wirkung. Yogaübungen wirken sehr vielschichtig, deshalb sind vor allem die für Kinder relevanten Wirkungen benannt. Es gibt Übungen, die anregen, andere beruhigen eher – auch darauf finden Sie einen Hinweis.

Wenn Sie sich selbst und Ihrem Kind eine Übungseinheit zusammenstellen, achten Sie darauf, dass Lockerungs-, Atem- und Körperübungen in ausgewogenem Verhältnis stehen.

Die Massagen dienen ebenfalls einer Lockerung, eine Entspannung sollte immer dabei sein. Es ist nicht notwendig, dass Sie sich die Übungen in Kapitel 4 chronologisch erschließen.

Einfache Spielregeln beim Üben

- Mit vollem Bauch lässt sich nicht gut Yoga üben: Am besten ist es, zwei Stunden vorher keine Hauptmahlzeit zu sich nehmen.
- Bequeme, lockere Kleidung tragen: Bewegung erfordert Spielraum, das gilt auch für die Kleidung. Vor allem der Bauch sollte nicht durch die Hose eingeengt werden.
- Viel trinken: Das Trinken von Wasser während des Übens ist möglich, es unterstützt das Loslassen und Ausscheiden und bringt Energie.

Symbole

Sie werden während des Lesens immer wieder auf die folgenden Symbole treffen. Sie erleichtern Ihnen zu erkennen, worum es bei der entsprechenden Übung vor allem geht. Einen alphabetischen Überblick über alle Übungen finden Sie am Ende des Buches ab Seite 117.

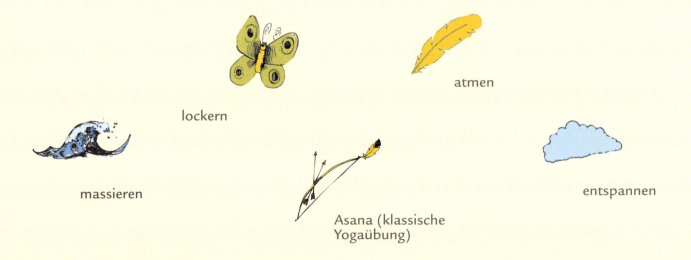

lockern

atmen

massieren

Asana (klassische Yogaübung)

entspannen

1. Wunder sind allgegenwärtig – eigene Stärken und neue Möglichkeiten entdecken

Was wäre das Leben ohne Wunder, möchte ich Sie fragen?

Vielleicht gehören Sie zu den Menschen, die sich lieber mit Tatsachen und Fakten, mit Zahlen und Messbarem beschäftigen. Davon hält unsere Welt viel bereit. Sie werden auch in diesem Buch sachliche Informationen über die kindliche Entwicklung und funktionelle Wirkungsweise des Yoga sowie zahlreiche praktische Tipps finden.

Doch das Leben hat noch mehr zu bieten. Nehmen wir an, es steckt voller Überraschungen, ungeahnter Möglichkeiten, dem Prinzip Hoffnung und vieler zuversichtlicher Perspektiven. Umschreiben wir diese Qualitäten einfach mit dem Begriff »Wunder«. In unserer Sprache finden wir das Wunder in vielen Wörtern, z.B. wunderbar, wundervoll, wunderschön oder sich wundern. Bezeichnen diese Begriffe doch etwas, das wir als besonders schön und wertvoll erleben. Wir sind von etwas besonders berührt, wir sind mit uns selbst in Berührung. Wenn wir uns wundern, drücken wir Neugierde aus, stellen Fragen, ohne die Antworten gleich parat zu haben. Ohne diese angeborene kindliche Neugier, das Sich-wundern-Können, wäre menschliche Entwicklung nicht möglich.

Schließen Sie für einen kurzen Augenblick die Augen und denken Sie an eine wunderbare Erfahrung in Ihrem Leben. Denken Sie an etwas, das Sie so niemals für möglich gehalten hätten und das doch, wie durch ein Wunder, einfach geschehen ist. Erinnern Sie sich, welche Wirkung das damals auf Sie hatte. Spüren Sie, wie Sie sich jetzt gerade fühlen, allein dadurch, dass Sie daran denken.

Stellen Sie sich vor, welchen Unterschied es macht, ob Sie morgens mit der Haltung aufwachen, *Wäre der Tag doch bloß schon vorbei* oder *Das wird heute ein wundervoller Tag!*. »An sich ist kein Ding weder gut noch schlecht, das Denken macht es erst dazu«, hat Shakespeare bereits erkannt. Stellen Sie sich vor: Sie selbst machen Ihre Wirklichkeit zu dem, was sie für Sie ist. Das, was Sie als Realität erleben, ist nur aus Ihrer subjektiven Betrachtungsweise heraus so, wie es ist.

Kinder werden z.B. oft als aggressiv, auffällig oder unkonzentriert beschrieben. Ein Fokus auf diese Schwächen lässt sie meistens in eben diesem Licht als nervige Quälgeister erscheinen. Mit anderem Blick wirken die gleichen Kinder plötzlich kontaktfreudig, lebendig und neugierig, stellen sich als kreative Energiebündel dar.

Kinderyoga bietet die Möglichkeit, sich selbst und Ihr Kind auf eine neue, wunderbare Art zu erfahren.

Ein Wunder geschehen lassen

Jetzt möchte ich Sie einladen, einfach einmal Ihren Blick zu wenden. Manchmal brauchen wir uns nur umzudrehen, um an einem wolkenverhangenen Himmel ein Stück Blau zu entdecken.

Wenn wir unseren Blick verändern, kann sich auch unsere Welt verändern.

Vielleicht haben Sie einen guten Grund, dieses Buch in der Hand zu halten. Eventuell denken Sie an ein bestimmtes Kind oder an sich im Zusammenleben mit diesem Kind und wünschen sich eine Veränderung.

Welcher Aspekt auch immer Sie bewegt: Mit der folgenden Übung können Sie entweder einen Grund für sich herausfinden oder einfach so ein kleines Wunder bewirken. Vielleicht entdecken Sie etwas, das Sie motiviert, dieses Buch für eine Zeit lang zu einem Begleiter in Ihrem und im Alltag Ihres Kindes werden zu lassen.

Machen Sie es sich gemütlich und schließen Sie noch einmal die Augen. Malen Sie sich einfach aus, welches kleine Wunder dieses Buch mit all seinen Übungen und Tipps in Ihrem Leben bewirken könnte.

Vielleicht gibt es etwas, das gerade nicht so gut läuft, wie Sie es gern hätten. Vielleicht empfinden Sie sich oder Ihr Kind in irgendeiner Hinsicht als blockiert. Was es auch ist, ich nenne es im Folgenden einfach das Problem.

Denken Sie an etwas, das Ihnen ein Problem bereitet und bei dem Ihnen dieses Buch eine Hilfe sein könnte. (Sollten Sie sich sehr stark überlastet oder überfordert fühlen, suchen Sie jemanden auf, von dem/der Sie sich Unterstützung versprechen, z.B. eine Ärztin oder einen Therapeuten. Dieses Buch ist ein Ratgeber und kann keine Therapie ersetzen.)

Wenn vor Ihrem inneren Auge ein passender Grund aufgetaucht ist, spüren Sie einmal in Ihren Körper. Vielleicht sind Sie automatisch ein bisschen auf Ihrem Stuhl zusammengesackt oder Sie lassen Ihren Kopf ein wenig nach unten hängen. Sie können auch einmal bewusst eine Körperhaltung einnehmen, die zu Ihrem Problem passt. Wie fühlt sich das in Ihrem Bauch, Ihrer Atmung und in Ihren Muskeln an? Möglicherweise erleben Sie irgendwo in Ihrem Körper Anspannung und ein unangenehmes Gefühl. Das passiert oft, ohne dass Sie es merken. Der erste Schritt, um etwas zu verändern, geschieht, wenn Sie wahrnehmen, *was ist*.

Jetzt möchte ich Sie zu ein paar kleinen Übungen einladen, die Sie ebenso wie Ihr Kind unterstützen, die Anspannung und das Problem loszulassen. Alle folgenden Übungen sind gut für Kinder geeignet. Sicherlich möchten Sie sie mit Ihrem Kind ausprobieren. Deshalb habe ich für die Übungsbeschreibung die Du-Form gewählt.

Schütteln

Wenn ich mit unserem Hund, Simba, einem kontaktfreudigen Golden Retriever, spazieren gehe, treffen wir manchmal auf einen unfreundlichen Artgenossen. Solche Exemplare haben nichts Besseres zu tun, als laut bellend mit aufgestellten Nackenhaaren den Angriffslustigen zu spielen. Kaum ist aber die Gefahrensituation vorbei, schüttelt sich Simba erst einmal kräftig. Er macht es richtig: Er lässt seine Anspannung gleich wieder los.

Es tut gut, einfach alles abzuschütteln und den ganzen Körper nach und nach zu lockern.

Das Gleiche tun wir, wenn wir unsere Arme locker ausschütteln, so als wollten wir Wassertropfen abschütteln. Zuerst den rechten. Spürst du die Bewegung bis in deine Schulter? Lass deine Gelenke ganz weich werden. Dann wiederhole mit dem linken Arm. Nun mit beiden Armen gleichzeitig und dann mit den Beinen. Zum Schluss schüttele einfach den ganzen Körper aus, lass dabei alles schlackern wie bei einem Wackelpudding.

Wirkung: Lockert Muskeln und Gelenke, baut Spannung und Druck ab.

Holzhacker

Spüre einen Moment, wie du ein- und ausatmest. Lass mit deiner nächsten Einatmung die Arme nach oben schwingen. Die Hände sind dabei gefaltet, die Zeigefinger berühren sich ausgestreckt. Stell dir vor, du hebst schwungvoll ein Beil, um es mit der Ausatmung nach unten sausen zu lassen. Du lässt deinen Oberkörper locker nach vorn fallen und atmest durch den Mund laut hörbar auf *Ha* aus. Wie wäre es, aus deinem Problem einfach Kleinholz zu machen? Übe mehrmals, so lange bis du dich leichter fühlst.

Wirkung: Lockert und vertieft die Atmung, baut Spannung und Druck ab.

Kraftvoll wie ein Holzhacker atmest du ein und lässt ausatmend alle Anspannung los. Den Kopf kannst du dabei locker hängen lassen.

Kraft im Bauch

Du sitzt auf einem Stuhl, beide Füße stehen auf dem Boden, als wären sie verwurzelt. Wenn du auf dem Boden sitzt, achte darauf, dass dein Rücken lang und aufgerichtet ist. Du lässt die Schultern locker hängen und entspannst deinen Unterkiefer. Lege nun im Schoß die Hände aneinander. Die einzelnen Finger berühren sich mit sanftem Druck und du konzentrierst dich auf deine Atmung. Ohne etwas zu tun, lass den Atem einfach ein- und ausströmen. Vielleicht spürst du nach einer Weile, wie sich dein Bauch ausdehnt und entspannt, wie dich nach und nach eine kraftvolle Ruhe erfüllt. Jetzt bist du bereit für eine kleine Fantasiereise.

Wirkung: Vertieft den Atem, beruhigend.

Ein Wunder geschieht

Wenn du magst, schließe deine Augen. Du spürst deinen Atem und stellst dir vor, du sitzt auf einer grünen Wiese. Es ist Sommer, das Gras duftet, die Bienen summen und du lehnst dich an einen wunderschönen Baum. Vielleicht ist es dein Lieblingsbaum. Du spürst seine Rinde, sie massiert deinen Rücken ein wenig. Der Baum ist sehr stark. Hörst du das Rascheln des Windes in den Blättern? Trägt dein Baum Früchte? Während du so ruhst, ist es dir, als würdest du nach und nach ein wenig mit dem Baum verschmelzen. Du schaust in den blauen Himmel und erkennst, dass es langsam dämmert, der Tag sich zum Ende neigt. Die Sonne ist schon ein Weilchen untergegangen und der Mond erscheint hell und klar am Himmel. Die ersten Sterne blinken. Plötzlich wird der Wind etwas stärker und Wolken bauen sich auf. Verwundert erkennst du in den Wolkengebilden ein Schloss. Ein Schloss mit Erkern und Türmen, einer bunten Fahne, die im Wind flattert. Du blinzelst erstaunt, weil du deinen Augen nicht traust. Im nächsten Augenblick kommt ein kleines Wesen durch die Luft geflogen. Als es näher kommt, siehst du, es ist eine klitzekleine Fee mit wehen-

Hier beginnt die erste Fantasiereise.

dem Umhang. Sie schwingt in ihrer Hand einen funkelnden Zauberstab und landet genau vor deinen Füßen. Sie ist nicht größer als dein Daumen. Du hörst ein feines Stimmchen wie das leise Gluckern eines Baches: »Ich bin Blinzel, die kleine Wunderfee. Wenn du blinzelst, bin ich da und stehe zu deiner Verfügung. Was wünschst du dir?«

Dir will so schnell gar nichts einfallen und während du so grübelst, bemerkst du, dass dich Blinzel mit ihrem Zauberstab berührt.

Sich von der kleinen Fee berühren lassen

Die kleine Fee berührt dich ganz zart an deinem rechten Bein.
Ein wunderbares Gefühl der Ruhe und Entspannung strömt durch dein rechtes Bein.
Sie berührt dich an deinem linken Bein.
Ein wunderbares Gefühl der Ruhe und Entspannung strömt durch dein linkes Bein.
Beide Beine sind wunderbar ruhig und entspannt.
Blinzel berührt dich an deinem rechten Arm.
Ein wunderbares Gefühl der Ruhe und Entspannung strömt in deinen rechten Arm.
Sie berührt deinen linken Arm.
Ein wunderbares Gefühl der Ruhe und Entspannung strömt in deinen linken Arm.
Beide Arme sind wunderbar ruhig und entspannt.
Vielleicht möchtest du dich von Blinzel noch an irgendeiner anderen Stelle deines Körpers berühren lassen.
Sie berührt dich überall dort, wo du es möchtest.
Schließlich durchströmt ein wunderbar ruhiges und entspanntes Gefühl deinen ganzen Körper.

Plötzlich weißt du genau, was du dir wünschst.
Du wünschst dir, dein Problem wäre gelöst, ein Wunder geschehen.
Schon flüstert Blinzel leise eine magische Zauberformel, es blitzt und kracht ein bisschen. Du riechst ein wenig Schwefelduft und erkennst mit einem Mal, dass dein Problem gelöst ist.

Mit dieser Übung wird nach und nach der ganze Körper in die Entspannung geführt.

Während die Nacht hereinbricht, die Sterne hell am Himmel stehen, schläfst du einen erholsamen Schlaf der Verwandlung. Du träumst einen wundervollen Traum.

Als du am nächsten Morgen aufwachst, ist gerade die Sonne am Aufgehen. Du siehst ihr pulsierendes Strahlen, spürst ihre Wärme und ihren Zauber. Dich erfüllt ein neues Wissen: Ein Wunder ist vollbracht. Du räkelst und streckst dich, atmest mehrmals tief ein und aus und bist bereit für einen herrlichen Tag, der vor dir liegt.

Solltest du wieder einmal die Hilfe der kleinen Wunderfee benötigen, brauchst du nur zu blinzeln, und schon ist sie da.

Wann war es schon einmal so wunderschön?

Jetzt betrachten Sie Ihren Alltag einmal aus folgender Sicht.

Angenommen Ihr Problem wäre gelöst, Blinzel die Wunderfee war da. Was wäre dann möglich, was wäre anders in Ihrem Leben? Woran erkennen Sie, dass das Wunder geschehen ist?

Lassen Sie sich Zeit und wandern Sie in Gedanken durch Ihr Leben/das Leben Ihres Kindes. Sie denken an den Tagesverlauf und bemerken an vielen Kleinigkeiten, dass Ihr Problem gelöst ist. Schmücken Sie sich möglichst viele Situationen aus, in denen Sie erkennen, dass sich etwas positiv verändert hat.

Fällt Ihnen dazu etwas ein? Sehen Sie sich, Ihr Leben um etwas bereichert?

Wenn Sie sich von einer Veränderung wirklich mehr Lebensqualität versprechen, sind Sie motiviert, etwas Neues kennen zu lernen und auszuprobieren. Das funktioniert bei Erwachsenen genauso wie bei Kindern.

In meinen Kursen frage ich die Kinder am Anfang immer nach ihrer Motivation. Es ist erstaunlich, wie selbst kleine Kinder dies benennen können. So antwortete ein fünfjähriger Junge, er wolle lernen, sich nicht mehr so oft zu prügeln. Auf meine Frage, was dadurch anders wäre, meinte er nach einer Weile des Nachdenkens, er würde so vielleicht Freunde finden. Dieser Junge war in den folgenden Stunden eifrig dabei und hat seine Mutter frühmorgens überrascht, indem er gleich nach dem Aufstehen Yogaübungen machte. Es war schön für ihn, Techniken zu lernen, um mit Aggressionen anders umzugehen. Er hat erkannt, dass er selbst etwas tun kann, um Freunde zu finden.

Überlegen Sie einmal, wann es in Ihrem Leben schon einmal ein bisschen so gewesen ist, als sei Blinzel da gewesen. Vielleicht fällt Ihnen eine klitzekleine Situation ein, die genau so war, als wäre das Wunder bereits geschehen. Wie ist das? Wie erleben Sie sich gerade jetzt? Manche Menschen spüren ein Lächeln, eine kleine Sonne oder einfach ein warmes, entspanntes Gefühl.

Vielleicht fällt Ihnen gerade jetzt aber überhaupt nichts ein und Sie denken: Was für ein Quatsch! Sie könnten einfach so tun, als würden Sie spüren, das Wunder sei geschehen. Lesen Sie ruhig weiter und stellen Sie sich vor, es könnte noch etwas Spannendes für Sie dabei sein.

Es könnte sein, dass Sie oder Ihr Kind an irgendeiner Stelle des Buches, beim Lesen oder beim Ausprobieren der Übungen besonders berührt sind, von einem wundervollen Gefühl durchströmt werden.

Sie werden es genau spüren, wenn etwas für Sie besonders hilfreich ist.

Malen Sie immer dann, wenn das der Fall ist, einfach eine der Wunderperlen auf dem Bild auf Seite 114 aus. Vielleicht möchten Sie das Bild kopieren, vergrößern und irgendwo an einem für Sie guten Platz aufbewahren. Lassen Sie das Bild zu einem Teil Ihres Lebens werden. Lassen Sie Ihr Kind auch ein Bild ausmalen. Freuen Sie sich, wie es langsam wächst und bunter wird. Wählen Sie für jedes »Wunder«, jede »Wunderperle« eine passende Farbe. Wenn Sie eine neue Erkenntnis gewonnen, eine Einsicht haben, schreiben Sie sie einfach dazu. Vielleicht erschließen sich Ihnen nach und nach immer mehr kleine Wunder.

Vielleicht möchten Sie und Ihr Kind jetzt eine kleine Geschichte lesen, die Ihnen das Geheimnis der Quelle der Wunderperlen offenbart.

Wenn es Ihnen und Ihrem Kind Freude macht, können Sie sich mit den Yogaübungen in verschiedene Wesen verwandeln und die Geschichte auch mit Ihrem Körper erleben.

Die Quelle der Wunderperlen Teil 1 – eine Geschichte zum Träumen, Staunen, Üben und Entspannen

An ganz besonderen Tagen kann man in den Wolken ein Schloss erkennen. Das ist das Schloss der kleinen Fee Blinzel.

So weit sich Blinzel erinnern kann, lebte sie schon immer an diesem Ort. Sie ist sehr glücklich, im Wolkenschloss zu wohnen, und könnte sich kein besseres Zuhause vorstellen.

Im Schloss gibt es viele von hellem Licht durchflutete Säle. Es gibt ein Kaminzimmer, in dem zu jeder Tages- und Nachtzeit ein Feuer brennt. Obwohl Blinzel noch nie Holz nachgelegt hat, geht das Feuer nicht aus. Sein lustiges Knistern und Prasseln macht Blinzel froh, wenn sie einmal traurig ist. Das kommt aber eigentlich so gut wie nie vor, denn Blinzel ist ein richtiger **Sonnenschein**. Meistens hat sie gute Laune. Ihr glucksendes Lachen ist schon zu hören, bevor sie mit leisem Surren angeflogen kommt.

Ist Blinzel dann da, ist sie gern zu einer fröhlichen Zauberei aufgelegt. Sie verzaubert die Wolken in Tiere und freut sich, wenn Kühe, Schafe und Krokodile am Himmel Fangen spielen. Mit bunten Farben malt sie auf der Himmelsleinwand. Sie ist überglücklich, wenn ein Regenbogen dabei herauskommt. Sie sitzt stundenlang im Mondschein auf der Schaukel. Dabei singt sie lustige Lieder und lässt ihre langen Haare im Wind flattern.

Außerdem hat Blinzel ein großes Herz. Wird sie mit einem Blinzeln um Hilfe gerufen, düst sie sofort los. So ist sie bei allen Lebewesen weit und breit sehr beliebt. Selbst an den dunkelsten Tagen kann sie ein bisschen Wärme und Licht bringen.

Die Anleitung zur Sonnenscheinübung finden Sie im Anschluss an die Geschichte auf S. 26.

Ganz anders ist der blaue Wundertroll. Er bewohnt den düsteren Nordturm, in den noch nie ein Strahl Sonne gekommen ist. Dort arbeitet er Tag und Nacht in seinem Labor, dass es nur so stinkt und kracht. Die kleine Fee hält sich die Ohren zu. Manchmal hat

Übungsanleitung S. 27

sie Sorge, das Schloss könnte **explodieren**.

Am meisten ärgert es Blinzel aber, dass der Troll immerzu mit ihr schimpft. Er meint, sie beschäftige sich mit völlig nutzlosem Zeug.

Während sie auf der Schaukel sitzt und die Wolken verzaubert, steht er hinter seinem großen Fernrohr am Fenster und zählt. Er trägt alles gewissenhaft in sein dickes Buch ein: wie viele Wolken in einer Stunde vorbeiziehen, ob sie grau, weiß oder schwarz sind, ob sie hoch oder tief fliegen, nach Norden, Osten oder Westen ziehen.

Er rechnet stundenlang und hat niemals Zeit zu spielen. Stattdessen sammelt er alles, was er findet, in seinem Turm. Die Regale reichen bis zur Decke. Darauf stapeln sich Gläser, Flaschen, Dosen mit allem, was die Natur so bietet. Blinzel machen die getrockneten Blumen, Schmetterlinge, Steine, Käfer und der ganze leblose Kram traurig. All diese Dinge sehen lange nicht so schön aus wie im Wald.

Der Troll aber ist sich ganz sicher, dass nur auf diese Weise das Leben zu meistern ist. Immer wieder sagt er zu Blinzel: »Warte nur, eines Tages wirst du noch dein blaues Wunder erleben. Dann ist es vorbei mit deiner albernen Zauberei. Da zählt nur noch das, was du in deinem Grips hast.«

Übungsanleitung S. 26

Doch Blinzel hört nicht auf ihn. Sie fliegt lieber in den Zauberwald. Dort können die Bäume sprechen. Oder sie besucht den Wunschbaum. **(Baum).**

Tief in seinem Wurzelgeflecht versteckt liegt der Eingang zur Sternbachhöhle.

Im tiefsten Inneren der Höhle gibt es eine Quelle. Diese Quelle bringt kein gewöhnliches Wasser hervor, sondern aus ihr sprudeln lauter wunderschöne Perlen. Sie schillern in den herrlichsten Farben. Es sieht aus, als würde sich die ganze Welt in ihnen spiegeln.

Übungsanleitung S. 27

Wenn aber durch eine kleine Öffnung die Sonne hereinscheint, fliegen die Perlen an einem Sonnenstrahl nach oben **(Kerze)**, hinaus in die weite Welt. Dann ist alles wie verzaubert. Blinzel ist sich ganz sicher, dass dies die Wunderperlen sind, von denen ihre Großmutter vor ewigen Zeiten erzählt hat.

Stundenlang hat sie den Geschichten gelauscht, in denen die Wunderperlen auf die Erde geflogen sind. Dort haben sie unzählige große und kleine Wunder vollbracht. Manchmal waren sie im Glitzern eines Tautropfens zu erkennen, in den flirrenden Lichtpunkten auf spiegelglattem Wasser oder im Aufblinken einer Sternschnuppe. Sie konnten vielfältige Gestalt annehmen. Das Besondere an ihnen war, dass sie die Menschen verzaubern konnten. Sie haben in den Herzen der Menschen ein helles Licht entzündet, sodass die Welt freundlich und fröhlich erschien.

Der blaue Troll aber grübelt schon lange, wie er die Perlen am besten einfangen, sammeln und für weitere Zwecke verwenden könnte. Was für eine Verschwendung, die Perlen einfach auf und davon fliegen zu lassen. Wenn sie wirklich über eine besondere Kraft verfügen, lässt sich damit bestimmt noch Großartiges erzeugen, denkt er.

Blinzel protestiert jedes Mal auf das Heftigste. Doch der Troll tüftelt und brütet nächtelang über einer Lösung. Eines Tages schließlich ist er so weit. Er hat einen kleinen Saugapparat entwickelt, vergleichbar dem Rüssel einer Fliege. Damit braucht er die Perlen nur aufzusaugen. Mit einem Flutsch landen sie in einer großen Flasche.

Schnell stöpselt er den Korken drauf und schon sind sie sicher verwahrt. Stolz schleppt er Flasche um Flasche aus der Höhle in seinen Turm. Blinzel sitzt derweil auf der Schaukel und singt. Sie hat keine Ahnung, was der blaue Troll anrichtet.

Wie erzürnt ist sie daher, als sie eines Tages in die Höhle kommt und den blauen Troll an der Quelle sitzen sieht. Er ist gerade dabei, die 999. Flasche mit Wunderperlen zu füllen, als es einen ohrenbetäubenden Knall gibt. Die Erde bebt, dass es Blinzel schwindelig wird. Es ist, als wolle die ganze Höhle einstürzen. Felsbrocken um Felsbrocken löst sich aus dem Gestein und poltert mit lautem Krachen herab.

Dann ist alles still.

Als sich der Staub gesenkt hat, erkennen der Troll und Blinzel das Ausmaß der Zerstörung.

Die Quelle der Wunderperlen ist unter unzähligen großen und kleinen Steinbrocken verschüttet. Die Flaschen sind alle zerbrochen, von den Wunderperlen ist weit und breit keine Spur mehr zu sehen.

Nachdem sie sich eine ganze Weile gegenseitig beschimpft haben, sitzen sie ratlos da und überlegen, was sie tun können. Weder Blinzels Zaubereien noch all das Wissen des Trolls können etwas verändern.

Blinzel fällt jedoch mit einem Mal das uralte Zauberbuch ein, das irgendwo im Schloss herumliegt. Das Buch, das sie von ihrer Großmutter vor langer Zeit erhalten hat. Es enthält all das Wissen von vielen, vielen Wunderfeen.

Sie sucht drei Tage und drei Nächte, bis sie es im Keller des Schlosses völlig verstaubt in einer roten Kiste entdeckt. Sie schleppt es nach oben und blättert in den vergilbten Seiten herum. Es ärgert sie, dass sie nicht besser lesen kann. Da hilft es auch nichts, die verbogene Brille aufzusetzen. Nach langem Zögern bittet sie schließlich den Troll um Hilfe.

Nichts, was er lieber täte. Mit ernstem Gesichtsausdruck fängt er an zu lesen. Blinzel wird immer zappeliger, bis er endlich ausruft: »Hier ist es, das

Kapitel über die Wunderperlen.« Leise murmelnd liest er weiter, doch jetzt hält Blinzel es nicht mehr aus. Sie bittet ihn, laut vorzulesen.

Er blickt sie missbilligend an, erfüllt aber endlich ihren Wunsch. So erfahren beide, dass die Wunderperlen tatsächlich die einmalige Gabe besitzen, die Welt zu verzaubern. Doch sie sind freie Wesen, sie kommen und gehen, wie sie möchten, und lassen sich nicht festhalten. Ihre besondere Kraft gewinnen sie dadurch, dass die Quelle bereit ist, sie loszulassen. Sollte jemals jemand auf die Idee kommen, sie einsperren zu wollen, wird ein großes Unglück geschehen. Keine einzige Perle wird mehr auffliegen. Die Welt wird grau und trostlos sein.

»Das ist ja furchtbar!«, stöhnt Blinzel. Der Troll ist hellblau geworden vor Schreck.

»Doch es besteht noch eine Hoffnung«, liest der Troll weiter. Wenn es Wesen gibt, die an die Quelle glauben und sich auf die Suche nach verborgenen Perlen begeben.

»Wenn es diesen Wesen gelingt, möglichst viele Perlen zu finden und ...«

»Lies doch weiter«, ruft Blinzel ganz ungeduldig.

Doch der Troll schüttelt den Kopf: »Geht nicht, die nächste Seite ist herausgerissen.«

Jetzt wird Blinzel blass, denn sie erinnert sich an den lustigen Papierflieger, den sie einmal gebastelt hat. Plötzlich kommt ihr das Ganze gar nicht mehr so lustig vor.

Der Troll ist sich ganz sicher, dass die Perlen gesammelt und zurück zur Höhle gebracht werden müssen.

»Auf, auf«, drängt er die kleine Fee. »Wir haben keine Zeit zu verlieren. Du suchst die Wunderperlen. Ich kümmere mich inzwischen um die Höhle.«

Blinzel weiß nicht, ob das so eine gute Idee ist. Doch weil ihr nichts Besseres einfällt, fliegt sie einfach los.

Die Geschichte der kleine Wunderfee geht auf Seite 47 weiter.

Wo sind die Wunderperlen nur?

Sollten Sie und Ihr Kind der kleinen Wunderfee und dem Troll helfen wollen, dann halten Sie einfach Ausschau nach Wunderperlen. Es sind etliche in diesem Buch versteckt. Da sie vielfältige Gestalt annehmen können, erkennen Sie die Perlen auch an den guten Gefühlen, die sie auslösen.

Die Übungen zur Geschichte

Sonnenschein

Du stehst aufrecht, deine Beine leicht gegrätscht. Hebe deine Arme und breite sie etwas aus. Du spürst deinen Atem in den Bauch strömen und atmest in deine Fingerspitzen aus. Dabei strecke dich und verwandele dich in eine Sonne, die ihre wärmenden Strahlen aussendet. Spürst du die Kraft in deinem Bauch?
Wirkung: Dehnt den ganzen Körper, vertieft die Atmung, fördert die Konzentration.

Hebe deine Arme und spreize die Finger, so verwandelst du dich in eine leuchtende Sonne. Du kannst dabei die Arme ganz ausstrecken oder etwas angewinkelt lassen.

Baum

Verlagere dein Körpergewicht auf den linken Fuß. Kannst du den rechten Fuß heben und ein bisschen ausschütteln? Stelle ihn dann an die Innenseite des linken Unterschenkels, nur die Zehen berühren den Boden. Stell dir vor, unter deinem linken Fuß wachsen Wurzeln, die dir Halt geben. Lege die Handflächen vor der Brust aneinander und schiebe die Hände langsam nach oben. Deine Arme werden

Als Baum stehst du mit einem Bein fest verwurzelt auf der Erde und wächst mit den Armen hoch in den Himmel. Die Schultern bleiben dabei entspannt.

zu Ästen, die in den Himmel wachsen. Atme tief und ruhig ein und aus. Verwandle dich in deinen Wunschbaum. Spürst du seine Stärke? Wenn du zurückgekommen bist, vergleiche deine Körperseiten und wiederhole anschließend zur anderen Seite.
Wirkung: Dehnt den ganzen Körper, fördert das Gleichgewicht und die Konzentration, beruhigend.

Explodieren

Du atmest tief und kraftvoll ein und mit der Ausatmung stellst du dir vor, du würdest explodieren. Springe in die Luft und schleudere Arme und Beine von dir. Vielleicht möchtest du einen lauten Explosionsschrei ausstoßen?
Wirkung: Befreit von Spannung, belebend.

Kerze

Lege dich auf den Rücken. Die Arme liegen dicht am Körper. Ziehe deine Knie an den Bauch heran und drücke die Ellbogen in den Boden. Lege die Hände in den Rücken und hebe den Po.
Wenn deine Bauch- und Rückenmuskeln kräftig genug sind, strecke die Beine nach oben, ziehe die Fußzehen an und schiebe die Fersen weg. Atme tief und ruhig ein und aus, dein Unterkiefer ist ganz locker, der Nacken lang.
Stell dir vor, du bist eine Kerze, deine Füße sind die Flamme, die lustig flackert.

Du kannst die Kerze wie Luisa mit dem Po am Boden üben. Wenn du möchtest, probiere einmal, den Po zu heben und dich mit den Händen im Rücken gut abzustützen. Oberarme und Ellbogen liegen auf der Unterlage auf und geben dir Kraft. So wird die Kerze noch länger.

Du kannst die Übung auch an einer Wand probieren und so deine Muskeln trainieren, bis sie kräftig genug sind.

Wirkung: Dehnt und kräftigt Nacken-, Rücken-, Bauch- und Beinmuskeln, erfrischt und macht wach, regt die Verdauung an.

Schaukel

Du liegst auf dem Rücken und ziehst die Knie an den Bauch heran. Fasse mit deinen Händen in die Kniekehlen. Hole mit den Unterschenkeln Schwung wie beim Schaukeln. Rolle dich ein, hebe den Kopf und schaukele auf dem Rücken vor und zurück. Du massierst deine Rückenmuskeln, vielleicht wird dein Rücken wärmer?

Wirkung: Lockert die Muskeln im Rücken, entspannt.

Wenn du mit den Beinen Schwung holst, kannst du auf dem Rücken vor und zurück schaukeln. Achte darauf, dass dein Gesicht und dein Hals dabei locker und entspannt bleiben.

Die Übung Buch beginnt sitzend mit ausgestreckten Beinen und einem gerade aufgerichteten Rücken. Nimm die Arme weit mit nach oben. Beuge dich dann mit geradem Rücken so weit nach vorne, dass du dabei entspannt bleiben kannst. Wichtig ist weniger, wie weit du dich nach vorne strecken kannst, sondern dass du mit dem Oberkörper nahe an die Oberschenkel heranreichst.

Buch

Du sitzt im Langsitz, die Beine gestreckt. Hebe die Arme und strecke dich nach oben. Spürst du, wie dein Rücken länger wird? Beuge dich jetzt mit geradem Rücken nach vorn, als wärst du ein Buch, das zugeklappt wird. Vielleicht kannst du deine Unterschenkel oder Füße fassen. Atme ein paar Mal ruhig ein und aus und dehne die Ellenbogen nach außen.

Wirkung: Dehnt den Rücken und die rückwärtigen Beinmuskeln, entspannt die Bauchorgane, gut für die Funktion der Nieren, beruhigend.

Vielleicht gibt es bei dir zu Hause irgendwo Seifenblasen. Wenn du sie in die Luft bläst und davonschweben siehst, stell dir vor: Genauso können Wunderperlen fliegen.

Die Wunderperle

Nun verwandele dich in eine fliegende Wunderperle und schwebe mit ausgebreiteten Armen leicht durch den Raum. Wenn du das eine Weile getan hast, sinkst du als Wunderperle zu Boden.

Stell dir jetzt vor, du liegst in einer bunten, schillernden Wunderperle. Die durchsichtige Haut umhüllt dich, und du fühlst dich sicher und geborgen. Du legst die Hände auf deinen Bauch und spürst deinen Atem (vgl. Kraft im Bauch Seite 17). Konzentriere dich nun auf dein Ausatmen. Du stellst dir vor, mit jedem Ausatmen erhebst du dich in der Wunderperle langsam in die Luft – bis du höher und höher hinaufschwebst. Du genießt die Leichtigkeit des Fliegens und bestimmst, wo ihr hinfliegt. Wenn du landen willst, atme ein paar Mal tiefer ein und aus, räkele und strecke dich.

Vielleicht durchströmt dich ein wunderbares Gefühl.

Stell dir vor, du würdest wie eine dieser Wunderperlen durch die Luft schweben. Du bist ganz leicht und frei und du kannst fliegen, wohin auch immer du willst.

2. Yoga – ein wundervoller Weg zu sich selbst

Stellen Sie sich vor, Sie würden sich mit diesem Buch auf eine Wanderung begeben. Schon bevor Sie losgehen, taucht sicherlich die Frage auf: Wo geht es denn eigentlich hin, was ist das Ziel? Wenn Sie nur das Ziel vor Augen haben, empfinden Sie den Weg vielleicht lediglich als Etappe, um dorthin zu gelangen. Vielleicht kommt Ihnen der Weg sogar lästig vor, wie etwas, das es schnell zu überbrücken gilt.

Der Yogaweg ist anders. Während Sie auf ihm unterwegs sind, erfahren Sie in vielen Augenblicken, dass Sie bereits angekommen sind – bei sich selbst.

Sie richten Ihre Aufmerksamkeit auf den Weg und mit jedem Schritt offenbaren sich neue Wunder.

Wie wirkt Yoga?

Der Yogaweg umfasst eine Vielfalt von Möglichkeiten, Kinder in einer gesunden Entwicklung zu unterstützen. Da, wo etwas im Ungleichgewicht ist, z.B. zu viel oder zu wenig Körperspannung, Hyperaktivität oder zu viel Passivität, bietet Yoga einen guten Ausgleich.

Die Körperübungen im Yoga, die so genannten Asanas, sind gezielt aufeinander abgestimmt und trainieren den ganzen Organismus. Die Haltungen sind durch ein aufmerksames Beobachten der Natur, der Tiere, Pflanzen und Phänomene entstanden. Die Körperübungen ahmen das Besondere dieser Wesen und Erscheinungen nach, ihre Qualitäten und Stärken. Auf diese

Weise erfahren wir Menschen die Wunder dieser Welt an und in uns selbst. Und die Kinder werden in ihrem Selbstbewusstsein gefördert.

Die Asanas kräftigen die Muskeln, dehnen Bänder und Sehnen und unterstützen die Beweglichkeit der Gelenke und der Wirbelsäule. Durch gezieltes An- und Entspannen während und nach den Haltungen werden Blockaden gelöst und mithilfe eines bewussten Atmens (vgl. S. 72 und 90) wird die Durchblutung gesteigert. Dies wirkt sich ebenfalls positiv auf das Gewebe und die inneren Organe aus.

Durch das aufmerksame Spüren und Erleben bei allem Tun erhöht sich die eigene Körperwahrnehmung. Dies ermöglicht eine gesunde Haltung sowie richtiges Bewegen und Belasten. Es führt dazu, Signale des Körpers rechtzeitig zu erkennen und darauf reagieren zu können.

Häufig können Kinder keine Ruhe finden. Eine Yogastunde bietet viele Möglichkeiten, z.B. durch bewusstes Loslassen und tiefes Entspannen, Kindern einen Zugang zum Ausruhen und zur Stille zu schaffen. Da im Yoga alles Tun mit voller Aufmerksamkeit geschieht, ist es ein hervorragendes Konzentrationstraining.

Viele der Übungen haben den Effekt einer Selbstmassage: sowohl für Muskeln und Gewebe wie auch für die inneren Organe.

Es gibt im Yoga zahlreiche Übungen, die der Lockerung, einer vorbereitenden Dehnung und dem Abbau von Anspannung und innerem Druck dienen.

Yoga wirkt sich häufig positiv auf die Lernfähigkeit der Kinder aus.

Auf viele Beschwerden, unter denen Kinder heute leiden (z.B. Bauchschmerzen, Kopfweh, Ängste, Depressionen, Aggressionen, Hyperaktivität, Schlafprobleme, Asthma), hat Yoga eine positive Wirkung. Die meisten Krankenkassen haben diesen Wert inzwischen erkannt. Im Rahmen der Prävention finanzieren sie den überwiegenden Teil der Kosten für Yogakurse, auch für Kinder.

Kinder lassen sich gern von den kleinen und großen Wundern um sie herum verzaubern.

So bereiten Sie sich und Ihr Kind am besten vor

Wenn Sie sich mit Ihrem Kind auf den Yogaweg machen möchten, gilt es ein paar Vorbereitungen zu treffen. Das Wunderbare am Yoga ist, dass Sie es fast an jedem Ort, drinnen oder draußen, ohne großartige Ausrüstung tun können. Sie brauchen eigentlich nur sich selbst.

Wichtig ist es, einen Rahmen zu wählen, in dem sich Ihr Kind und Sie selbst wohl fühlen. Eine Kerze anzünden, eine Mitte passend zum Thema gestalten (z.B. mit Naturmaterialien) oder ein Duftlämpchen aufstellen – es gibt zahlreiche Möglichkeiten, aus einer Alltagssituation schnell etwas Besonderes zu zaubern. Kinder sind in dieser Hinsicht nicht anspruchsvoll, aber es fällt ihnen sofort auf, wenn etwas verändert ist.

Die Kinder brauchen einen eigenen Platz, an dem sie sich wohl fühlen können.

Am besten eignet sich eine Matte mit einer Unterseite, die bei Standübungen nicht wegrutscht. Dieser Platz ist für das Kind ein sicherer Ort, den alle anderen zu respektieren haben. Bietet der Raum keine Gelegenheit, eine Matte auszubreiten, so kann auch im Stehen geübt werden.

Selbstverständlich spielt im Yoga Vertrauen eine wesentliche Rolle. Wenn sich Ihr Kind auf Yoga einlässt, öffnet es sich und ist mit seinem Körper, seinen Gedanken und Gefühlen dabei. Dieses Offensein macht viele neue Erfahrungen möglich – und es macht verletzlicher.

Es ist daher sehr wichtig, die Kinder in ihren Empfindungen, Wünschen, Ängsten und auch in ihren Widerständen ernst zu nehmen.

Yoga und Druck schließen sich aus.

Yoga basiert auf Freiwilligkeit, es ist zu respektieren, wenn ein Kind sich nicht auf Yoga einlassen möchte.

Ein Kind, das sich mit seinen Bedürfnissen und Ängsten angenommen fühlt, hat die Möglichkeit, sich auf Angebote einzulassen, wenn es dazu bereit ist. Mit dieser Haltung erlebe ich es nur selten, dass Kinder Yoga generell ablehnen.

Wenn wir jeweils zur gleichen Zeit und am selben Ort üben, kann Yoga schnell und einfach zu einem festen Bestandteil im Alltag werden. Kinder brauchen Strukturen, sie geben ihnen Halt.

Yoga bietet klare Strukturen, dies gibt Kindern Halt.

3. Eine Wanderung beginnt mit dem ersten Schritt – kleine Übungsreihe zum Kennenlernen der Grundsätze im Yoga

Die folgende Übungssequenz vermittelt Ihnen einen ersten Eindruck zur Wirkungsweise des Yoga und erläutert einige wesentliche Aspekte.

Ein paar Grundsätze:
- Vom Leichten zum Schweren.
- Fließende Übergänge zwischen einzelnen Haltungen.
- Die verschiedenen Bewegungsrichtungen der Wirbelsäule einbauen.
- Entspannt und bewusst atmen.
- Liebevoll mit sich umgehen, den Körper niemals zwingen, d.h. nur bis an die Schmerzgrenze gehen.
- Nach der Anspannung immer entspannen.
- Nach einer Haltung sich die Zeit zum Spüren nehmen: Welche Wirkung löst die Übung im Körper aus?

Die Übungsreihe beginnt aus der Rückenlage.

Käfer

Du liegst bequem auf dem Rücken und hebst deine Arme und Beine, um sie locker auszuschütteln. Stell dir vor, du bist ein Käfer, der auf dem Rücken liegt und mit seinen Beinen zappelt. Alle Anspannung in deinen Muskeln und Gelenken schüttle einfach ab. Achte darauf, entspannt weiterzuatmen. Wenn es

für deine Bauchmuskeln zu anstrengend wird, löse wieder auf. Lege die Hände auf deinen Bauch, spürst du deine Atmung?
Grundsatz: Liebevoller Umgang mit sich.
Wirkung: Lockert die Muskeln von Armen und Beinen und die Gelenke, befreit den gesamten Organismus von Anspannung.

Als Käfer spürst du den Boden im Rücken und schüttelst Arme und Beine locker aus.

Sonnenschein in der Rückenlage

Breite deine Arme und Beine auf dem Rücken liegend aus. Spüre wieder in deinen Bauch und beobachte, wie der Atem ein- und ausströmt. Du nimmst wahr, wie sich der Bauch dabei hebt und senkt. Stell dir nun in deiner Mitte eine Sonne vor. Jedes Mal, wenn du einatmest, spürst du die Kraft der Sonne in dir. Wenn du ausatmest, sende den Atem wie Sonnenstrahlen in deine Arme und Beine. Dehne dabei bis in die Fingerspitzen und schiebe die Fersen der Füße weg, während du die Fußzehen anziehst. Übe mehrere Atemzüge. Vielleicht fühlst du dich nach der Übung größer und heller.
Grundsatz: Zeit zum Nachspüren gönnen.
Wirkung: Entspannt, vertieft die Atmung, vermag Stimmungstiefs aufzuhellen.

Du verwandelst dich in eine Sonne, die ihre Wärme und ihr Licht in die Welt schickt.

Die Wirbelsäule wird nach vorn gebeugt:

Schlafende Schlange

Aus dem Fersensitz lege den Kopf an den Boden, die Arme liegen entspannt am Körper. Verwandele dich in eine schlafende Schlange.
Grundsatz: Die Wirbelsäule wird nach vorn gebeugt.
Wirkung: Entspannt den Rücken und die Schultern, vermittelt Geborgenheit und hilft die Aufmerksamkeit nach innen zu lenken, beruhigend.

Als schlafende Schlange kannst du dich ausruhen und dabei neue Kräfte sammeln.
Finde eine Position für den Kopf, in der du gut atmen kannst.

Hase

Du bist in der schlafenden Schlange und fasst deine Fersen. Hebe den Po und rolle mit dem Kopf auf das Schädeldach (siehe Foto nächste Seite). Stell dir vor, du hockst wie ein Hase im Gras und richtest deine großen Ohren auf. Was hörst du?
Bleibe einige Atemzüge in der Haltung und spüre anschließend in der schlafenden Schlange nach. Bist du wacher geworden?
Grundsatz: Dehnung der Wirbelsäule, Zeit zum Nachspüren.

Wirkung: Fördert die Beweglichkeit der Wirbelsäule und die Verdauung, der gesamte Kopf- und Halsbereich wird besser durchblutet, regt den Kreislauf an, soll bei chronischer Mandelentzündung helfen.

Achte darauf, dass dein Unterkiefer locker bleibt und kein Druck im Kopf entsteht. Wenn es dir angenehm ist, kannst du so weit nach vorne rollen, dass deine Oberschenkel senkrecht stehen.

Die Wirbelsäule wird gedreht:

Pyramide

1. Teil: Aus dem Fersensitz kommst du auf die Knie und in den Vierfüßerstand. Achte darauf, dass deine Hände unter den Schultern positioniert und die Knie hüftbreit geöffnet sind.

2. Teil: Lege einen Unterarm an den Boden, sodass er nach innen zeigt. Hebe den anderen Arm und blicke zur gehobenen Hand. Deine Beine und der Unterarm sind die Basis der Pyramide, die gehobene Hand die Spitze. Du stehst genauso fest wie eine Pyramide. Senke den Arm nach einigen Atemzügen und vergleiche deine Körperseiten. Spürst du einen Unterschied? Wiederhole zur anderen Seite.

Wirkung: Dehnt den Schulter- und Brustgürtel, fördert die Beweglichkeit der Wirbelsäule.

Deine Unterschenkel und ein Unterarm sind die Basis der Pyramide. Das gibt dir Halt, dich zur Seite aufzudrehen und den anderen Arm zu heben.

Die Wirbelsäule wird zur Seite gedehnt:

Halbmond im Kniestand

1. Teil: Komme aus dem Fersensitz in den Kniestand. Lasse deine Schultern und den Unterkiefer locker.

2. Teil: Stelle das rechte Bein zur Seite aus und versuche die Zehen zum Boden zu bringen. Spürst du die Dehnung im Bein? Halte das Becken stabil, nach vorn ausgerichtet. Breite die Arme auf Schulterhöhe aus und dehne bis in die Fingerspitzen.

3. Teil: Hebe den linken Arm und lasse den rechten sinken, während du dich zur Seite beugst, ohne aufzudrehen. Spürst du die Dehnung in der linken Seite? Du verwandelst dich in den Mond, dessen eine Seite hell angestrahlt ist, sodass wir sie als Halbmond sehen können. Nach ein paar Atemzügen komme wieder zurück, breite die Arme noch einmal aus und lasse sie dann sinken. Spüre im Kniestand nach und vergleiche die Seiten. Vielleicht fühlt sich die gedehnte Seite heller an als die ungeübte? Wiederhole zur anderen Seite.

Wirkung: Dehnt die Wirbelsäule und seitlichen Rumpfmuskeln, kräftigt Brust- und Schultergürtel, regt die Durchblutung der inneren Organe an, belebend.

Bevor du dich als Halbmond zur Seite beugst, richte immer erst die Wirbelsäule nach oben aus.

Nun kannst du dich mit ausgestelltem Bein, auch die Fußzehen am Boden, zur Seite beugen. Das Becken bleibt nach vorn gerichtet.

In der Fantasie wendig wie ein Fisch durch das Wasser gleiten – dabei lässt es sich wunderbar entspannen. Eine zusammengefaltete Yogamatte eignet sich besonders gut als Unterlage. Durch die höhere Lagerung wird der Brustkorb angenehm gedehnt.

Fischentspannung

Lege eine mehrfach zusammengefaltete Decke unter deinen Kopf und Rücken. Die Arme liegen neben der Decke. Spüre die Dehnung und Weite in deinem Brustkorb. Während du ruhig ein- und ausatmest, beobachte, wo der Atem hinströmt, und entspanne deinen Körper. Lasse mit jeder Ausatmung alle Anspannung abfließen. Spüre mit der Einatmung, wie sich dein Brustkorb öffnet. Stell dir vor, du verwandelst dich in einen wunderschönen, schillernden Fisch. Deine Füße sind die Schwanzflosse und die Hände die Seitenflossen. Wie sieht dein Fisch aus? Möchtest du ihn auf eine kleine Unterwasserreise begleiten?

Wirkung: Dehnt passiv den Brustkorb, gut bei asthmatischen Beschwerden.

Yoga – uralt und doch ganz aktuell

Vermutlich ist Yoga vor mehr als 3000 Jahren auf dem subindischen Kontinent entstanden. Die ältesten bekannten Yogaschriften, die Veden, gehen auf eine Zeit um 1200 v. Chr. zurück.

Yoga entsprang wahrscheinlich dem wachen Interesse der damaligen Menschen an ihrer Umwelt und deren Zusammenhängen sowie dem Einfluss dieser äußeren Zusammenhänge auf den Körper, auf Geist und Seele.

Dabei wurden verschiedene Ziele verfolgt:

- Im Einklang mit sich und der Natur leben.
- Formen der Bewegung und der Ruhe finden.
- Den Körper trainieren, um die Gelenke geschmeidig zu machen, die Muskeln zu stärken und die Organkräfte zu erhalten.
- Den Geist konzentriert halten, die Gedanken ordnen und Gefühle klären.
- Den Atem erfahren und bewusst nutzen.
- Die Sinne erlebensfähiger machen.

Sind das nicht Ziele, die bis heute und auch für Kinder aktuell sind?

Yoga hat eine lange Tradition und viele verschiedene Ausprägungen, die entweder mehr körperlich oder geistig-seelisch orientiert sind. Im Westen hat sich der HaTha-Yoga durchgesetzt. Er bezieht sich auf die Polarität von Sonnenkräften (Ha) und Mondkräften (Tha). Diese Übungsweise hat zum Ziel, die Gegensätze zu verbinden, um sich stärker im Einklang zu erleben. Dabei werden vor allem Körperübungen, Atembeobachtung, Konzentrations- und Entspannungstechniken sowie Meditation eingesetzt.

Es geht immer um den Menschen in seiner Ganzheit. Die drei Aspekte Körper, Geist und Seele spielen eine gleichwertige Rolle. Während wir bestimmte Übungen machen, sind wir mit unserer Aufmerksamkeit, unseren Gedanken und unserem Spüren präsent. Im Yoga wird die Aufmerksamkeit in allem Tun auf den Atem gelenkt, es wird in Einstimmung mit dem Atem geübt. Im Yoga geht es immer um die eigene Erfahrung. Deshalb möchte ich Sie einladen, mitzukommen auf eine kleine Reise in das Ursprungsland des Yoga. Sie können zuerst die wunderbare Wirkung der Übungen erfahren und anschließend die Geschichte lesen oder dies auch umgekehrt tun.

Die Geschichte zur Übungsreihe beginnt auf S. 47.

Der kleine indische Prinz – einfache Übungsreihe für AnfängerInnen

Diese Übungssequenz ist wunderbar für Einsteiger geeignet. Sie passt zur Geschichte des indischen Prinzen, die auf Seite 47 beginnt. Der Schwerpunkt liegt auf den Lockerungsübungen.

Hampelmann

Springe wie ein Hampelmann auf und ab, grätsche dabei die Beine und klatsche in der Luft in die Hände.
Wirkung: Baut Spannungen ab, belebend.

Aus vollem Herzen laut lachen – das tut gut und entspannt. Vielleicht fühlt es sich am Anfang seltsam an, sozusagen auf Kommando zu lachen. Doch der Spaß kommt dabei wie von selbst – versprochen!

Lachübung

Du atmest tief und ruhig ein und auf ein gesprochenes »Ha« aus. Während du weiter ruhig einatmest, steigerst du beim Ausatmen die »Has«, bis du herzhaft lachst.
Wirkung: Das bewusste Atmen fördert die Durchblutung und die Entspannung, ist bei vielen Atembeschwerden eine gute Entlastung. Lachen ist gesund!

Kopf- und Ohrenmassage

Klopfe dir mit lockeren Fingern auf den Kopf, als würden Regentropfen herabprasseln. Achte darauf, dass du alle Stellen deines Kopfes erreichst. Fasse dann einzelne Haarbüschel und raufe dir die Haare, indem du etwas an den Haaren ziehst, ohne dass es wehtut.
Massiere mit Daumen, Zeige- und Mittelfinger deine Ohren, bis sie ganz warm sind.
Jetzt kannst du besser nachdenken.
Wirkung: Fördert die Durchblutung von Kopf und Ohren, entspannt und aktiviert das Gehirn.

Vogel fliegt auf

Breite mit der Einatmung deine Arme aus und komme auf die Zehenspitzen. Während du ausatmest, schließe die Arme vor dem Körper, die Handflächen berühren sich und du senkst die Füße. Wiederhole die Übung in deinem Atemtempo. Spürst du, wie du immer leichter wirst? So als würdest du gleich abheben.
Wirkung: Dehnt Brust- und Schultergürtel, vertieft die Atmung, fördert das Gleichgewicht, beruhigend.

Du verwandelst dich in deinen Lieblingsvogel. Einatmend breitet er seine großen Schwingen aus. Wenn du die Arme zur Seite nimmst, achte darauf, dass du die Schultern nicht nach oben ziehst. Sie bleiben ganz tief und entspannt. Kannst du spüren, wie viel Kraft dein Vogel hat?

Elefant

Strecke den rechten Arm aus und lege den linken Arm darunter. Beuge den linken Arm und fasse mit der linken Hand zur Nasenspitze. Verwandele dich in einen Elefanten und schwenke deinen Rüssel hin und her. Kannst du laut tröten? Dann wechsele mehrmals die Arme.

Wirkung: Aktiviert beide Gehirnhälften, dehnt Arm- und Schultermuskeln und fördert die Koordination.

Dein Arm wird so lang wie der Rüssel eines Elefanten. Bei stehenden Übungen ist es gut, wenn die Knie etwas gebeugt sind. Du brauchst die Knie nicht durchzudrücken.

Gorilla

Hüpfe auf und ab wie ein großer Affe, kratze dich unter den Armen und trommele dir mit lockeren Fäusten auf die Brust. Vielleicht magst du einen lauten Gorillaschrei von dir geben: Aaaaaaaaaa!

Wirkung: Regt die Thymusdrüse an und stärkt die körpereigene Abwehr, gut für die Atemorgane.

Stark und breitbeinig wie ein Gorilla trommelst du dir auf die Brust. Kannst du spüren, wie viel Kraft in dir steckt? Bei dieser Übung darfst du auch mal so richtig laut sein.

Schmetterling

Du legst im Sitzen die Fußsohlen aneinander und fasst die Füße mit den Händen. Deine Beine verwandeln sich in Flügel und du flatterst auf und ab. Welche Farbe hat dein Schmetterling? Fliegt er schnell oder langsam? Kannst du auch Kurven fliegen?

Wirkung: Lockert Hüft- und Kniegelenke, dehnt die Innenseiten der Beine und den Lendenwirbelbereich.

Der Schmetterling kann auch eine Rechts- und eine Linkskurve fliegen.

Tiger

Komme auf deine Fersen und lege den Kopf vor die Knie, strecke deine Arme weit nach vorn. Hebe den Po und lasse deinen Rücken durchhängen. Strecke dich jetzt bis in die Fingerspitzen. Wenn du dich wieder aufrichtest, möchtest du vielleicht laut brüllen und deine Augen dabei weit aufreißen.

Wirkung: Dehnt die Muskeln von Armen, Schultern, Rücken, Po und Oberschenkeln, regt die Verdauung an.

Deine Hände liegen mit gespreizten Fingern am Boden. Du streckst deinen ganzen Rücken. Der Po bleibt über den Knien.

Achte darauf, dass kein Druck im Kopf entsteht. Der Unterkiefer ist ganz locker.

Höhle

Komme in den Fersensitz und lege den Kopf auf den Boden. Falte die Hände vor dem Kopf, sodass deine Stirn wie in einem Nest liegt. Stelle die Fußzehen auf und hebe deinen Po, der Kopf liegt auf dem Scheitelpunkt. Du spürst dein Körpergewicht vor allem auf den Unterarmen und den Füßen. Strecke deinen Rücken. Kannst du die Fersen bis zum Boden dehnen?

Wirkung: Kräftigt die Muskeln von Armen, Schultern und Beinen, dehnt den Rücken, fördert die Durchblutung des Kopfes, belebend.

Kobra

Du liegst auf dem Bauch, die Hände sind neben den Schultern aufgesetzt. Hebe deinen Kopf und Oberkörper ein Stück ab. Kannst du dich mit der Kraft deines Rückens halten wie eine Schlange? Atme ruhig und entspannt weiter ein und aus. Ruhe dich nach der Übung ein Moment aus und spüre in deinen Rücken. Verstehst du, was die Schlangen wispern?

Wirkung: Kräftigt die Rückenmuskeln, dehnt die Bauchmuskeln, fördert die Beweglichkeit der Wirbelsäule, gut bei Asthma und Atembeschwerden.

Du richtest dich wie eine Schlange mit der Kraft deines Rückens auf. Die Arme sollen nur wenig Gewicht übernehmen.

Sanfte Ruhe

Mache es dir ganz bequem. Kuschele dich auf eine gemütliche Unterlage und decke dich zu, wenn du magst. Damit dein Körper entspannen kann, ist es wichtig, dass du dich ganz warm fühlst. Vielleicht liegst du auf dem Rücken, dann lege die Hände auf deinen Bauch und spüre wieder die Zauberkraft deines Atems. Wenn du zwei- oder dreimal ausgeatmet hast, fallen deine Augen wie von selbst zu.

Nach einer Übungsreihe sollte immer viel Zeit zum Entspannen und Nachspüren sein.

Der indische Prinz

Es war einmal ein kleiner indischer Prinz namens Rashid. Er lebte mit seinen Eltern, dem Maharadscha und der Maharani, in einem großen Palast. Obwohl er alles hatte, wovon Kinder nur träumen können, war er nicht glücklich.

Oft spürte er eine große Unruhe in seinem Bauch. Dann rannte er stundenlang im Palast hin und her und konnte nicht einmal fünf Minuten still sitzen. Das ärgerte den Maharadscha sehr und Rashid bekam viele Ermahnungen zu hören.

Die vorausgegangenen Übungen lassen sich wunderbar mit dieser Geschichte kombinieren.

Rashid konnte sich über all die Pracht im Palast und Palastgarten nicht freuen. Es trennte ihn eine unsichtbare Mauer von der Außenwelt. Freunde hatte er auch keine, da er sehr schnell **explodierte,** wenn ihm etwas nicht passte. Seine Eltern machten sich große Sorgen. Sie ließen die besten Spezialisten kommen, die es im ganzen Land gab. Die Ärzte stellten viele Untersuchungen mit Rashid an. Doch wirklich helfen konnten sie ihm nicht. So wurde Rashid von Tag zu Tag einsamer.

Übungsanleitung S. 27

Eines Abends steht er wieder einmal am Fenster und blickt zum nahen Dschungel. Er hört die Rufe der Tiere, doch sie erreichen ihn nicht.

Plötzlich kommt es ihm so vor, als würden nach und nach immer mehr Tiere aus dem Dschungel heraustreten und sich versammeln. Verwundert blinzelt er mit den Augen.

Da die wahre Zeit in den Herzen der Lebewesen wohnt, kennt sie keine Grenzen. So geschieht es, dass nach kurzer Zeit etwas durch die Luft gesaust kommt.

Übungsanleitung S. 42

Es ist die kleine Fee Blinzel. Aufgeregt zappelt sie wie ein **Hampelmann** auf der Fensterbank herum. Sie hofft, der Prinz würde sie wahrnehmen. Es dauert eine halbe Ewigkeit, bis der Prinz die kleine Fee erkennt.

Übungsanleitung S. 42

Im nächsten Augenblick muss er über das Gezappel der Fee auch schon **lachen.** Er lacht und lacht, bis ihm die Tränen kommen und der Bauch wehtut.

Die kleine Fee findet das gar nicht lustig, sie möchte endlich mit dem Prinzen reden. Energisch klopft sie an das Fenster. Sie hat noch die Worte des blauen Troll im Ohr. Er hat sie ermahnt, sich ja nicht von irgendwelchen unnützen Dingen ablenken zu lassen, z.B. Wolken in Tiere zu verwandeln. Schließlich gilt es, die Quelle der Wunderperlen zu erlösen. Sie muss dringend Wesen finden, die ihr dabei helfen. Endlich öffnet der Prinz das Fenster und lässt sie herein.

Übungsanleitung S. 43

Nachdem er von dem ganzen Schlamassel erfahren hat, kratzt er sich nachdenklich am Kopf **(Kopf- und Ohrenmassage).**

Rashid hat keine Ahnung, wo es noch Wunderperlen geben könnte. Er ist ja in letzter Zeit kaum aus dem Palast gekommen.

Das Einzige, was ihm einfällt, ist die Höhle, die irgendwo tief im Dschungel sein soll. Allerdings ist er noch niemals da gewesen. Der Maharadscha hat ihm immer verboten, allein in den Dschungel zu gehen. Doch jetzt ist er ja nicht allein.

So schleichen sich die beiden aus dem Palast und treten in den großen Garten. Wie erschrecken sie sich, als mit kräftigem Flügelschlag ein riesiger Vogel aufflattert. Er landet direkt vor ihren Füßen. Es ist der König des Dschungels, der mächtige Schlangenadler (Vogel fliegt auf).

Übungsanleitung S. 43

Der Schlangenadler blickt Rashid lange an und krächzt schließlich mit heiserer Stimme: »Gut, dass du endlich gekommen bist. Wir machen uns nämlich große Sorgen um dich.«

»Wer ist denn wir?«, möchte der Prinz wissen.

»Alle Tiere des Dschungels«, antwortet der Adler. »Wir möchten dir gern helfen. Doch dazu musst du mit in den Dschungel kommen.«

Der Prinz ist fasziniert von dem weisen Vogel und folgt ihm eilig zu Fuß, als sich dieser in die Lüfte erhebt.

»Halt, halt«, ruft Blinzel ganz aufgeregt, »wir müssen doch Wunderperlen finden!« Doch der Prinz hört sie schon nicht mehr. Ihr bleibt nichts anderes übrig, als den beiden hinterherzudüsen. Wenn das der Troll wüsste.

Kurze Zeit später treffen alle drei auf eine riesige Versammlung.

Gewaltige indische Elefanten schwenken ihre Rüssel hin und her und stoßen laute Trompetenrufe aus. Rashid spürt großes Vertrauen zu diesen Tieren.

Übungsanleitung S. 44

Rashid fallen die lustigen Kapuzineraffen auf, die hin und her springen. Sie trommeln sich auf die Brust, als wären sie Gorillas. Er spürt eine große Freude wie schon lange nicht mehr. Selbst Blinzel muss über die Affen lachen. Sie vergisst für einen Moment ihren Auftrag.

Übungsanleitung S. 44

Schon setzen sich alle Tiere in Bewegung. Rashid und Blinzel folgen ihnen tiefer in den Dschungel. Sie hören das Gekreisch der Papageien in den Bäumen, riechen den Duft der exotischen Blumen und schmecken die süße Frucht, die ihnen ein Affe reicht. Bunte Schmetterlinge flattern fröhlich vor ihnen herum. Rashid fühlt sich mit einem Mal leicht wie eine Feder.

Übungsanleitung S. 45

Tiefer und immer tiefer kommen sie in den Dschungel. Plötzlich raschelt es. Im nächsten Augenblick taucht ein riesiger bengalischer Tiger auf. Er räkelt und streckt sich erst einmal und brüllt dann laut.

Übungsanleitung S. 45

»Bis hierher konnten wir dich begleiten«, ruft der Tiger so laut, dass Rashid und Blinzel zusammenzucken. »Doch das letzte Stück musst du allein gehen. Was auch geschieht: Denke an die Kraft der Tiere, die du gespürt hast, und gehe einfach weiter.« Damit dreht sich der Tiger um und schreitet majestätisch davon. Alle anderen Tiere folgen ihm. Im nächsten Moment sind Rashid und Blinzel allein. Rashid ist sehr froh, dass die kleine Fee bei ihm ist.

Der Weg wird immer schmaler. Schon bald ist er nur noch ein kleiner Trampelpfad. Wie erstaunt sind die zwei, als sich das Dickicht plötzlich lichtet und sie auf einer hellen Lichtung stehen. Direkt vor ihnen liegt der Eingang zu einer Höhle.

Dann sehen sie das Seltsamste, was ihnen je begegnet ist. Um den Höhleneingang herum schlängeln sich zwei Schlangen, eine weiße und eine schwarze Kobra. Ihre Schwanzenden sind ineinander verschlungen. Als sie den Prinzen erblicken, heben sie die Köpfe etwas und zischeln leise. Beinah wäre der Prinz auf und davon gelaufen. Doch er denkt an die Worte des Tigers. Im nächsten Moment spürt er seine Stärke. Mutig macht er einen Schritt auf die Schlangen zu.

»Prinz«, zischeln die Schlangen, »siehst du das Gewand am Eingang liegen? Schlüpfe in diesen Anzug hinein und du wirst den Weg durch das Höhlenlabyrinth hinein- und wieder herausfinden.« Der Prinz folgt vor Aufregung ein wenig zitternd der Anweisung der Schlangen.

Sanfte Ruhe

Als wäre ein Wunder geschehen, siehst du dich neben dem Prinz stehen und tust in deiner Fantasie genau dasselbe wie er. Während du entspannt auf dem Rücken liegst, stellst du dir vor:

Du schlüpfst mit dem rechten Bein in den silbrig glänzenden Anzug.
Wie eine zweite Haut schmiegt er sich an deinen Körper.
Sofort wird dein rechtes Bein ganz ruhig.
Du schlüpfst mit dem linken Bein hinein.
Dein linkes Bein wird ganz ruhig.
Beide Beine sind ganz ruhig.
Du ziehst den Anzug über Po und Rücken,
schlüpfst mit dem rechten Arm hinein und
dein rechter Arm wird ganz ruhig.

Du schlüpfst auch mit dem linken Arm hinein und
dein linker Arm wird ganz ruhig.
Beide Arme sind ganz ruhig.
Du ziehst die Kapuze über den Kopf und fühlst dich wunderbar ruhig
und kraftvoll zugleich.

Der Prinz zögert einen kurzen Moment, doch dann denkt er an den Elefanten und spürt großes Vertrauen. Entschlossen betritt er die Höhle. Schließlich ist er ein Prinz.

Du folgst ihm und hörst noch die Worte der Schlangen: »Trete ein und
folge dem Licht am Ende des Ganges.«

Da, wo es Schatten gibt, ist auch Licht.

Die kleine Fee ist sich gar nicht sicher, ob sie euch in die Dunkelheit folgen will. Doch bevor ihr um eine Biegung verschwunden seid, schwebt sie
hinterher.

Der Gang windet sich immer tiefer in den Berg. Dunkelheit umfängt dich
und von den Wänden tropft es. Du tastest dich langsam vorwärts, mehrmals
weißt du nicht weiter. Der Anzug aber glitzert im entscheidenden Moment so
hell, dass du erkennst, welcher Richtung du folgen musst.

Die kleine Fee wedelt wild mit ihrem Zauberstab herum, er kann ihr
hier im Dunkeln nicht helfen. Jedes Mal, wenn den Prinz der Mut verlässt,
denkt er an den Tiger. Sofort fühlt er sich stark und entschlossen, weiterzu-
gehen.

Nach einer Ewigkeit ruft der Prinz ganz aufgeregt: »Da, siehst du das
Licht?« Tatsächlich geht ihr auf ein Licht zu. Je näher ihr kommt, umso heller wird es. Es dauert nicht lange und das Licht ist so hell geworden, dass es
dich fast blendet. Im nächsten Augenblick findest du dich in einer wunderschönen Kristallhöhle. Überall an den Wänden funkeln und blitzen Edel-
steine. Durch eine Öffnung scheint ein Sonnenstrahl herein. Er fällt genau
auf einen kleinen See. Es sieht aus, als würden auf dem stillen Wasser tausend
kleine Sterne tanzen.

Der kleinen Fee fällt vor Staunen fast der Zauberstab aus der Hand. Diese
Höhle gleicht der Höhle der Wunderperlen haargenau. Doch wo ist die
Quelle?

Stattdessen sitzt ein alter Mann mit grauem Bart still am See. Er schaut
vor sich hin. Er strahlt eine große Ruhe und Kraft aus. Du fühlst dich, als

wärst du nach Hause gekommen. Ein Wärmegefühl durchströmt deinen ganzen Körper.

»Wer bist du?«, fragt der Prinz leise. Und der alte Mann antwortet: »Ich bin Yogananda. Ich komme fast jeden Tag in diese Höhle.«

Der Prinz weiß mit einem Mal, dass ihm dieser alte Mann helfen kann. So erzählt er ihm seine ganze Geschichte.

Yogananda blickt den Prinzen freundlich an und sagt: »Ich habe in meinem Leben viel Zeit damit verbracht, die Pflanzen und Tiere zu beobachten. So habe ich von ihnen gelernt, was sie tun, um im Leben gut zurechtzukommen und um glücklich zu sein. Jedes Tier hat mir etwas anderes gezeigt.«

Du kannst von den Tieren und ihren besonderen Fähigkeiten viel lernen.

»Ja, ja«, unterbricht ihn der Prinz aufgeregt, »ich weiß!« Er berichtet von seinen Erfahrungen mit den Tieren des Dschungels.

»Dann hast du schon viel gelernt«, lächelt Yogananda. »Mache einfach so weiter. Nach und nach wirst du deine Fähigkeiten erweitern. Du wirst von der Sonne lernen, wie wichtig ihre Wärme und ihre Kraft ist, und vom Mond, wie gut seine Ruhe tut. Viele Wunder werden sich dir offenbaren, wenn du aufmerksam und achtsam in der Welt bist und dich für den Weg des Yoga entscheidest.«

Mit einem Mal durchströmt den Prinzen ein herrliches Gefühl des Glücks, ein Gefühl, das er so lange vermisst hatte. Vor lauter Freude rinnt ihm eine kleine Träne über das Gesicht. Doch bevor er sie verschämt wegwischen kann, fällt ein Sonnenstrahl mitten in sein Gesicht. Im nächsten Augenblick verwandelt sich die Träne in eine schillernde Perle, die schwerelos davonschwebt.

»Eine Wunderperle!«, quietscht die kleine Fee aufgeregt, »das ist eine Wunderperle, seht ihr!«, und vor lauter Freude hüpft sie auf und ab. »Wir haben die erste Wunderperle gefunden, jetzt wird bestimmt alles wieder gut.«

Langsam wird es Zeit zurückzukehren. Ihr verabschiedet euch von Yogananda und wisst, ihr könnt ihn jederzeit in eurer Fantasie wiedertreffen. Gemeinsam verlasst ihr die Höhle. Als ihr am Eingang angekommen seid, ziehst du den Anzug wieder aus. Prinz Rashid und die kleine Fee, denen du in diesem Buch noch öfter begegnen wirst, winken dir noch zu. Im nächsten Augenblick sind sie verschwunden.

Du atmest ein paar Mal tief ein und aus, räkelst und streckst dich, wie morgens nach dem Aufwachen, gähnst herzhaft und öffnest langsam deine Augen.

4. Wundervolle Verwandlung – Lockerungsübungen, Atemübungen und Asanas

Kinder sind wahre Verwandlungskünstler. Sie lieben es, in andere Rollen zu schlüpfen und sich in neuer Haut zu bewegen, sich bewegen zu lassen.

Wenn Kinder Yoga üben, ahmen sie nicht nur eine Haltung nach, sondern sie werden plötzlich ganz lebendig als Schlange, Löwe oder Vogel.

Lassen Sie Ihr Kind mit seinen individuellen Möglichkeiten experimentieren, teilen Sie seine Freude an der Bewegung. Denken Sie daran:

Wohlfühlen ist das wichtigste, nicht Leistung zu erbringen.

Schon mancher »Bewegungsmuffel« hat an den spielerischen und lockeren Übungen Gefallen gefunden und sich über die neu entdeckte Beweglichkeit gefreut.

Entdecken auch Sie sich neu, fragen und spüren Sie, was jetzt in diesem Augenblick in Ihnen geschieht. Probieren Sie aus und lassen Sie es sich einfach mal gut gehen, werfen Sie Vorstellungen von sich über Bord und sammeln Sie neue Erfahrungen.

Die folgende Übungsreihe eignet sich nicht nur für Kinder:

Lassen Sie alle Verpflichtungen, alles das, was Sie jetzt gerade in Ihrem Alltag beschäftigt, einfach einmal los. Schließen Sie die Augen und stellen Sie sich vor, Sie spüren warmen Wind auf Ihrer Haut, hören das Gekreisch der Möwen und das Klatschen der Wellen an den Strand, Sie riechen die salzige Luft und sehen weit draußen vor der Küste eine kleine felsige Insel. Sie sind …

Am Meer

Sie verwandeln sich in eine glänzende Muschel, die irgendwo in der Tiefe des Meeres lebt.

Muschel

Du liegst auf dem Rücken und stellst die Füße auf. Beobachte deinen Atem und übe die Muschel ganz in deinem Atemrhythmus. Passe die Bewegung dem Tempo deines Atems an:

Hebe die Arme und lege die Handflächen aneinander, während du ausatmest

und dich nach oben streckst. Die Muschel ist jetzt geschlossen. Alles Verbrauchte gibt sie auf diese Weise ab.

Mit der Einatmung lasse die Knie locker auseinander fallen, bis sich die Fußsohlen berühren. Breite die Arme am Boden aus. Nun ist die Muschel geöffnet und kann frisches Wasser und Nahrung aufnehmen.

Übe mehrere Atemzüge und stell dir deine Muschel genau vor, ihre Form und Farbe, wo sie lebt. Vielleicht enthält deine Muschel eine wunderschöne Perle?

Wie fühlst du dich wohler, als geschlossene oder als geöffnete Muschel? Bleibe ein paar Atemzüge in deiner Lieblingsstellung.

Löse auf, indem du die Arme entspannt neben den Körper legst und die Beine nach unten sinken lässt. Beobachte beim Nachspüren deinen Atem.

Wirkung: Dehnt die Arm- und Beinmuskeln, vertieft und beruhigt den Atem, führt zu innerer Ruhe und Konzentration, unterstützt das Loslassen.

Ausatmend dehne die Arme nach oben und schließe die Beine. Dein Kopf liegt in Verlängerung der Wirbelsäule, den Rücken drücke in die Unterlage und strecke dabei den Rücken. Einatmend öffnest du Arme und Beine. Spürst du die Weite in deiner Brust?

Irgendwo draußen im Meer lebt auch ein kleines Seepferdchen, lustig schlängelt es sich durch das Wasser und blinzelt mit seinen Augen.

Seepferdchen

Du liegst auf dem Rücken und breitest die Arme auf Schulterhöhe aus. Stelle die Ferse des rechten Fußes hinter die Zehen des linken und bewege die Füße von einer Seite zur anderen. Das Becken dreht mit und du dehnst deine Körperseiten. Der Kopf rollt immer zur entgegengesetzten Seite. Wechsle die Füße und stell dir ein lebendiges Seepferdchen vor, das sich durch das Wasser schlängelt.

Wirkung: Lockert die Wirbelsäule und dehnt die seitlichen Rumpfmuskeln, beruhigend.

Stelle aus der Rückenlage die Ferse des einen Fußes hinter die Zehen des anderen. Schlängele dich wie ein Seepferdchen, wenn du die Füße von einer Seite zur anderen drehst.

Stelle dir eine Welle vor, während du mit aufgestellten Füßen entspannst. Die Arme können dabei auch neben dem Körper liegen. Dein Kopf liegt in Verlängerung der Wirbelsäule, du spürst deinen Rücken und die Füße am Boden.

Vor der kleinen, felsigen Insel schlagen die Wellen besonders hoch. Siehst du die weißen Schaumkronen?

Welle

Du liegst auf dem Rücken und stellst die Füße auf, sie stehen hüftbreit auseinander. Beobachte deinen Atem. Hebe mit der nächsten Einatmung den Po und komme hoch auf die Schultern. Die Arme führe dabei hinter den Kopf und lege sie an den Boden. Drücke die Füße auf die Unterlage und strecke dich bis in die Fingerspitzen. Verwandele dich in eine hohe Welle.

Mit der Ausatmung kommst du wieder zurück. Langsam im Rhythmus deines Atems wiederholst du die Bewegung. Verwandele dich dabei in das Wellental. Spüre, wie die Welle auf- und wieder absteigt.

Wirkung: Kräftigt Bein-, Rücken-, und Bauchmuskeln, vertieft die Atmung, dehnt die Vorderseite.

Einatmend drücke die Füße in den Boden und rolle den Rücken von unten her auf, bis du auf die Schultern kommst. Ausatmend senkst du den Rücken wieder. Du kannst die Arme zunächst einige Male neben dem Körper liegen lassen. Wenn deine Welle größer wird, nimmst du sie einatmend mit hinter den Kopf und ausatmend zurück zum Boden.

Munter springen die Delphine über die Wellen.

Delphin I

1. Teil: Auf dem Bauch legst du die Hände unter die Stirn. Drehe die Füße so, dass die Fersen nach innen und die Zehen nach außen gerichtet sind. Je näher du die Beine zusammenbringst, umso stärker ist die Dehnung für die Beine. Deine Füße verwandeln sich in eine Schwanzflosse und du tauchst in das Wasser ein. Schwerelos gleitest du durch die Unterwasserwelten.
Wirkung: Entspannt und erfrischt durch die Dehnung gleichermaßen.

Delphin II

2. Teil: Hebe im Wechsel erst Kopf und Arme, dann die gestreckten Beine vom Boden ab. Atme weiter und wiederhole so lange, wie es dir Spaß macht. Du verwandelst dich in einen fröhlichen, übermütigen Delphin, wenn du über die Wellen springst.
Wirkung: Kräftigt zusätzlich Bauch- und Rückenmuskeln.

Wie ein Delphin, der über die Wellen springt, hebst du im Wechsel Oberkörper und Beine vom Boden ab.
Was für den Delphin eine lustige Spielerei ist, ist für dich ganz schön anstrengend, oder?

Tierisch gut

Verwandeln Sie sich mit den folgenden Übungen in Tiere. Betrachten Sie zusammen mit Ihrem Kind erst einmal die Fotos und stellen Sie sich die entsprechenden Tiere mit ihren besonderen Merkmalen, Stärken und Fähigkeiten vor. Vielleicht ist Ihr Lieblingstier dabei?

Suchen Sie sich zusammen mit Ihrem Kind von den folgenden Tierübungen immer die aus, die Sie beide im Augenblick besonders anspricht. Fragen Sie Ihr Kind, was dieses Tier seiner Meinung nach besonders gut kann. Bewerten Sie die Antwort nicht, sondern lassen Sie Ihr Kind beim Üben dann besonders auf diese Eigenschaften achten.

Wichtig ist es, vor den Asanas zu lockern und bewusst zu atmen.

Bereiten Sie die Haltungen für Fortgeschrittene mit den dort genannten Übungen vor. Geben Sie sich beiden die nötige Zeit, um nachzuspüren. Vielleicht hat Ihr Kind Lust, nach der Übung ein Bild von dem Tier zu malen.

Diese Art »tierisch« zu üben wird Ihr Kind in seiner Persönlichkeit positiv unterstützen. So kann z.B. ein zurückhaltendes Kind mit dem Löwen plötzlich Tatendrang und Mut fühlen.

Aus der Rückenlage:

Krokodil

Du liegst auf dem Rücken und stellst die Füße vor dem Po auf. Die Beine sind geschlossen. Breite die Arme auf Schulterhöhe aus.

Als Krokodil liegst du schläfrig im flachen Wasser. Dein Rücken schmiegt sich an die Unterlage, wenn du die Füße aufstellst und die Arme ausbreitest.
Nun wacht das Krokodil auf und schlängelt sich zum Wasser. Du bewegst die geschlossenen Beine langsam und geschmeidig von einer Seite zur anderen.

Schaukele langsam mit den Knien von einer Seite zur anderen und rolle den Kopf immer in die entgegengesetzte Richtung.
Stelle dir vor, deine Wirbelsäule sei so beweglich wie der Schwanz eines Krokodils. Ruhe dich mit den Knien auf einer Seite und dem Kopf auf der anderen einige Atemzüge aus. Wo spürst du deinen Atem? Lege eine Hand dorthin. Wenn du zurück zur Mitte kommst, vergleiche deine Körperseiten. Gibt es einen Unterschied? Wiederhole zur anderen Seite.
Wirkung: Fördert die Beweglichkeit der Wirbelsäule, massiert die Bauchorgane, vertieft die Atmung und beruhigt.

Aus der Bauchlage:

Willi Wurm

Komme in die Bauchlage und strecke die Arme nach vorn aus. Schlängele dich wie ein Wurm, der auf diese Weise auch vorankommt.
Wirkung: Fördert die Beweglichkeit der Wirbelsäule, belebend.

Heuschrecke

Aus der Bauchlage schließe die Beine und lege den Kopf auf die Stirn. Die Arme liegen entweder dicht am Körper, die Hände zu Fäusten geballt, oder du schiebst die lockeren Fäuste unter die Oberschenkel.

Die Heuschrecke sammelt Kraft für den nächsten Sprung. Balle die Hände zu lockeren Fäusten und lege sie neben den Körper oder unter die Oberschenkel.

Versuche, die beiden gestreckten Beine vom Boden zu heben. Du kannst auch erst einmal abwechselnd mit dem einen, dann dem anderen Bein üben.

Stell dir vor, wie kräftig die Beine einer Heuschrecke sind, damit sie so weit springen kann. Hebe deine gestreckten Beine vom Boden ab. Atme weiter und halte dies so lange, bis die Anspannung zu groß wird.

Wirkung: Kräftigt Bein- und Rückenmuskeln, fördert die Durchblutung von Bauch und Becken, regt die Nierentätigkeit an.

Kamel

Aus der Bauchlage lege den Kopf auf die Stirn und hebe die Unterschenkel. Fasse mit den Händen die Füße und dehne die Ellenbogen nach oben, als wären sie Kamelhöcker. Stell dir vor, wie viel Wasser ein Kamel in seinen Höckern speichern kann und wie lange es ohne Nahrung auskommt.

Wirkung: Kräftigt Arm-, Schulter- und Rückenmuskeln, regt die Nierentätigkeit und die Verdauung an, belebend.

Deine Arme verwandeln sich in Kamelhöcker, wenn du die Füße fasst und die Ellenbogen nach oben dehnst. Spüre die Weite in deiner Brust und gib dabei im Schultergürtel nach.

Als Löwe bist du auf der Jagd. Zum Sprung bereit atme tief ein und fauche dann wie ein starker Löwe. Du zeigst deine Krallen, wenn du die Arme nach vorn streckst und die Finger spreizt.

Aus dem Fersensitz:

Löwe

Aus dem Fersensitz verwandle dich in einen starken Löwen, spreize die Finger und zeige deine Krallen. Als wolltest du aufspringen, mache mit deinem Oberkörper einen Satz nach vorn. Dabei hebst du den Po etwas von den Fersen und spannst die Arme bis zu den gespreizten Fingern an. Reiße die Augen weit auf, öffne den Mund und strecke deine Zunge weit heraus. Fauche laut wie ein Löwe und spüre dabei deine Kraft.

Wirkung: Entspannt die Gesichtsmuskeln, beugt Erkältungen vor, kann Halsschmerzen lindern, löst Schleim im Hals, belebend.

Igel

Lege aus dem Fersensitz den Kopf vor die Knie. Hebe den Po und strecke die Arme nach oben. Spreize dabei die Finger. Stell dir vor, du bist ein Igel, der die Stacheln aufstellt. Spürst du, wie die Stacheln dem Igel Schutz geben?

Wirkung: Dehnt die Muskeln und Sehnen von Armen und Schultern, durchblutet den Kopf, regt den Kreislauf an, streckt den Rücken.

Du igelst dich ein, wenn du aus der Übung Schlafende Schlange (S. 37) den Po hebst. Dein Kopf rollt auf das Schädeldach und du verwandelst dich in einen wehrhaften Igel.

Aus der Hocke:

Frosch

Komme in die Hocke und verwandle dich in einen Frosch. Springe in die Luft und hüpfe quakend wie ein Frosch umher.

Wirkung: Baut Spannung ab, kräftigt die Sprunggelenke.

Als Frosch hockst du am Boden. Da fliegt eine Fliege vorbei und du springst auf, um sie zu fangen.

Aus dem Vierfüßerstand:

Möwe

1. Teil: Aus dem Vierfüßerstand schiebe das linke Bein nach hinten und lege dich mit dem Oberkörper auf den rechten Oberschenkel. Der Kopf liegt am Boden und du breitest die Arme auf Schulterhöhe aus. Spüre deinen Atem und verwandele dich in eine Möwe, die sich vom Wind über das Meer treiben lässt. Fühle die Leichtigkeit des Fliegens, wenn du einatmend die Arme hebst und sie ausatmend senkst.

Wirkung: Dehnt die Beinmuskeln und den Schultergürtel, massiert die Bauchorgane, beruhigend.

2. Teil: Wenn du dich in der Möwe wohl fühlst, hebe aus der links beschriebenen Haltung den Kopf vom Boden ab. Vielleicht möchtest du auch die Arme und den Oberkörper heben? Was kann deine Möwe besonders gut?
Wirkung: Kräftigt Rücken- und Bauchmuskeln, dehnt den Brustkorb, fördert das Gleichgewicht, belebend.

Als Möwe richtest du dich langsam auf. Zuerst ist der Oberkörper entspannt auf dem Oberschenkel abgelegt. Nun hebe den Kopf, die Hände und Arme liegen noch am Boden. Der Blick ist nach vorn gerichtet. Hebe anschließend auch den Oberkörper und zuletzt die Arme.

Katze

Verwandele dich in eine schnurrende Katze und wackele mit dem Po. Die Katze erschrickt und macht einen Buckel. Lasse deinen Kopf dabei locker hängen.
Wirkung: Lockert die Wirbelsäule, die Rücken- und Bauchmuskeln.

Die Knie hüftbreit geöffnet, die Hände unter den Schultern ist dein Rücken so geschmeidig wie der einer Katze. Ausatmend ziehe den Bauch ein und lasse den Rücken rund werden. Einatmend sinkt dann der Bauch nach unten und du kommst im Rücken in einen leichten Bogen.

Spinne

Aus dem Vierfüßerstand bringe den rechten Fuß nach vorn zwischen die Hände. Während du dich nach vorn beugst, schiebe den rechten Fuß am Boden weiter nach vorn. Stell dir vor, wie beweglich eine Spinne ist und wie schnell sie laufen kann. Wiederhole zur anderen Seite.
Wirkung: Dehnt und kräftigt Bein- und Gesäßmuskeln sowie den Rücken.

Während du einen Fuß mit der Sohle am Boden nach vorn schiebst, dehnst du als Spinne die Beine und den Rücken.

Im Stand:

Eule

Im Stand legst du die rechte Hand auf die linke Schulter. Achte auf deinen Atemrhythmus und drehe den Kopf mit der Ausatmung zur Seite, mit der Einatmung zurück in die Mitte und mit der nächsten Ausatmung zur anderen Seite. Übe so mehrere Atemzüge und wechsele die Hand.
Kannst du deinen Kopf so gut wie eine Eule drehen? Eulen sind sehr aufmerksam und schlau.

Wirkung: Lockert die Nackenmuskeln und aktiviert durch das Überkreuzen der Mittellinie des Körpers beide Gehirnhälften.

Stelle dir eine neugierige Eule vor, wenn du deinen Kopf ohne ihn nach unten zu neigen von einer Seite zur anderen drehst.
So kann die Eule fast alles um sich herum sehen.

Giraffe

Für Fortgeschrittene
Vorbereitende Übungen: Buch (Seite 29), Höhle (Seite 46)

Komme in eine Grätsche und hebe die Arme auf Schulterhöhe. Dehne bis in die Fingerspitzen.

Beuge dich aus der Taille mit geradem Oberkörper weit nach vorn. Stell dir vor, wie lang Hals und Beine der Giraffe sind. Fasse mit den Händen die Unterschenkel und ziehe den Oberkörper näher heran. Dehne dich im unteren Rücken zur Erde, als wolltest du als Giraffe dort saftiges Gras fressen. Kopf und Nacken entspanne dabei.

Wirkung: Dehnt den ganzen Körper, kräftigt die Beinmuskeln und Fußgelenke, fördert die Durchblutung des Kopfes, regt den Kreislauf an, entspannt den Nacken.

Mit gegrätschten Beinen und ausgebreiteten Armen lässt du deinen Rücken lang werden. Eine zweite Person kann dir helfen, deine Arme ganz waagrecht zu halten.

Mit langem und geradem Rücken beuge dich aus der Taille weit nach vorn. Entspanne den Nacken, wenn du den Kopf locker hängen lässt. Deine Beine fühlen sich so lang wie Giraffenbeine an. Gibst du etwas Druck auf die Außenkanten der Füße, stehst du noch besser. Lege nun die Hände an den Boden oder fasse deine Unterschenkel.

Bei den Indianern

Die ursprüngliche Lebensweise der Indianer übt auf Kinder und Erwachsene eine besondere Faszination aus. Anscheinend völlig autonom lebten sie im Einklang mit der Natur und beeindruckten durch ihren Mut, ihre Kraft und ihre wilde Entschlossenheit. Mit den folgenden Übungen verbinden Sie sich mit diesen Aspekten und während Sie wieder für einen Moment die Augen schließen, stellen Sie sich vor:

Sie treten aus einem Wald heraus. Goldenes Herbstlicht lässt die Blätter leuchten, die letzten Mücken tanzen in der noch warmen Luft. Sie bekommen plötzlich den Geruch von Rauch in die Nase und als Sie genauer hinschauen, sehen Sie auf einer großen Lichtung ein Lagerfeuer, um das eine Gruppe von Indianern sitzt.

Schneidersitz

Im Schneidersitz kannst du deinen Rücken gut aufrichten und bist mit deinem Po und den Sitzbeinhöckern im Kontakt mit der Erde. Dies ist ein guter Sitz, um zu meditieren oder wie die Indianer einfach zusammenzusitzen und zu reden.

Wirkung: Kräftigt die Rückenmuskeln, richtet die Wirbelsäule auf und gibt Halt, beruhigend.

Wie ein Indianer sitzt du mit verschränkten Beinen am Boden. Das gibt dir eine gute Basis, um dich aufzurichten. Dein Rücken ist lang, die Schultern entspannt, der Scheitelpunkt des Kopfes zeigt nach oben. So kannst du dich ausruhen und neue Kräfte sammeln.

Du verwandelst dich in ein warmes Feuer. Aus dem Sitz mit aufgestellten Füßen, die Hände aufgestützt, wird dein eines Bein zur züngelnden Flamme. Du streckst es dazu nach oben und drückst die Hände und den anderen Fuß in den Boden.

Züngelnde Flamme

Lustig knistert das Feuer und einige Flammen züngeln in die Höhe: Aus dem Schneidersitz stelle die Füße vor dem Po auf und stütze dich mit den Händen hinter dem Rücken ab. Hebe den Po und strecke ein Bein nach oben. Wackele mit den Fußzehen und lass deinen Fuß zur lustigen Flamme werden. Wechsle die Beine.

Wirkung: Kräftigt die Handgelenke und Muskeln von Armen, Beinen, Bauch und Rücken, belebend.

Bogen I

Manche Indianer haben Pfeil und Bogen neben sich im Gras liegen: Komme in den Langsitz (beide Beine lang nach vorn ausgestreckt) und lege den rechten Fuß auf den linken Oberschenkel. Greife mit der linken Hand den rechten Fuß und spanne den Bogen, indem du den Fuß noch näher heranziehst. Das linke gestreckte Bein ist der Pfeil und du beugst dich aus der Taille mit geradem Rücken nach vorn, um die Fußzehen zu fassen. Wie schnell dein Pfeil wohl fliegen kann?

Wirkung: Dehnt und kräftigt die rückwärtigen Beinmuskeln und den Schultergürtel, regt die Funktion der Nieren an, belebend.

Spanne den Indianerbogen, wenn du ein Bein über das andere legst. Du fasst den Fuß und dehnst den anderen Arm zuerst lang nach oben. Anschließend beuge dich nach vorn. Vielleicht kommst du mit den Fingerspitzen zum Fuß?

Nun spannst du den Bogen aus der Bauchlage. Übe erst einmal mit einem Bein. Wenn dir das gut gelingt, fasse beide Füße. Dein Brustkorb weitet sich. Aus dieser Haltung ist es möglich, auch noch den Kopf und die Knie zu heben.

Bogen II

Für Fortgeschrittene
Vorbereitende Übungen: Bogen I (Seite 68), Kamel (Seite 60)

Aus der Bauchlage lege die linke Hand unter die Stirn. Hebe den rechten Unterschenkel und greife mit der rechten Hand zum Fuß. Stell dir vor, den Bogen zu spannen, wenn du den Fuß noch näher an den Po ziehst. Spüre den Atem in deiner Mitte, dort ist die meiste Kraft. Bevor du die Seiten wechselst, vergleiche einmal den Unterschied.

Wirkung: Dehnt die Muskeln von Rücken, Brust, Bauch, Armen, Beinen und Schultern, regt die Verdauung und die Funktion von Leber, Nieren und Bauchspeicheldrüse an.

Ein paar Indianerkinder schleichen sich auf den Zehenspitzen leise davon. Sie wollen wie die Großen einmal allein auf die Jagd gehen. Dazu brauchen sie viel Kraft.
Auf der nächsten Seite findest du eine Übung, mit der du dir immer dann Kraft holen kannst, wenn du sie brauchst.

Die Kraft holen

Aus dem Stand mit der Einatmung die gestreckten Arme bis auf Schulterhöhe heben, die Handflächen zeigen dabei nach oben.
In der Atemfülle die Hände zu Fäusten ballen und zurück an die Brust ziehen.
Nun wie gegen einen unsichtbaren Widerstand mit geballten Fäusten nach vorn schieben.
Ausatmend die Fäuste öffnen und die Arme entspannt sinken lassen.
Die Übung im eigenen Atemrhythmus mehrmals wiederholen und sich dabei vorstellen, Kraft zu tanken.
Wirkung: Erhöht die Lungenkapazität und schenkt kraftvolle Ruhe.

Atme ein und hebe die Arme, sage dir dabei: »Ich hole die Kraft.« Wenn du die Fäuste in der Atemfülle zur Brust bringst, sage dir: »Ich habe die Kraft.« Schiebe die Fäuste, wenn möglich immer noch ohne zu atmen, nach vorn und sage dir: »Ich zeige meine Kraft.« Ausatmend lasse die Arme wieder sinken und entspanne.

Held

Allein im Wald fühlen sich die Indianerkinder mutig wie tapfere Helden. Wenn auch du dich wie ein Held fühlen möchtest, dann versuche einmal, wie es dir in dieser Position geht:

Springe aus dem Stand in eine Grätsche. Hebe die Arme auf Schulterhöhe und dehne bis in die Fingerspitzen.
Drehe nun den linken Fuß nach außen und beuge das Knie, bis es genau über den Fuß kommt. Das Becken bleibt dabei gerade nach vorne ausgerichtet, es dreht nicht mit zur Seite. Blicke zur linken Hand.

Verwandele dich in einen mutigen Helden und springe kraftvoll in eine Grätsche. Wenn du die Außenkanten der Füße in den Boden drückst, stehst du noch fester.

Spüre, wie fest du stehst, während du dich mit dem Oberkörper frei hin und her drehen kannst, um in alle Richtungen schauen zu können. Fühlst du dich stark und mutig wie ein Held?
Wiederhole die Position anschließend zur anderen Seite.
Wirkung: Kräftigt und dehnt die Beinmuskeln, weitet den Brustkorb und regt den Kreislauf an.

Tipi

Nach den erlebten Abenteuern sind die Kinder froh, wieder im Indianerlager zu sein: Nimm die Ausgangsposition des Helden ein (siehe vorherige Seite) und beuge dich aus der Taille mit geradem Rücken nach vorn. Bringe die linke Hand auf die Erde und hebe den rechten Arm, er ist die Spitze des Zeltes. Ein Zelt spendet Schutz und Geborgenheit. Übe auch zur anderen Seite.

Wirkung: Kräftigt und dehnt die Beinmuskeln, weitet den Brustkorb, regt den Kreislauf an, fördert die Beweglichkeit der Wirbelsäule.

Jeder Held möchte sich auch einmal ausruhen. Im Tipi geht das besonders gut. Aus der Grätsche beuge dich mit langem Rücken nach vorn. Eine Hand, mit den Fingerspitzen nach vorn zeigend, setze am Boden auf. Gib in der anderen Schulter nach und drehe zu dieser Seite auf, hebe den Arm und nimm deinen Blick mit zur Zeltspitze.

Zauberatem

Mit dem ersten Atemzug treten wir in die Welt und mit dem letzten verlassen wir sie wieder. Ohne den Atem können wir nicht einmal wenige Minuten sein. Der Atem, im Yoga Pranayama genannt, hat verschiedene Aspekte:

- Wichtigster Energielieferant, in Form von Sauerstoff, aber auch seelisch und geistig
- Müllabfuhr für Kohlendioxid, Schlacken, Schadstoffe und seelischen Ballast
- Innere Massage für die Wirbelsäule und die inneren Organe
- Training für das Zwerchfell und die Rippenmuskulatur
- Ausgewogenheit fördernd zwischen An- und Entspannung

Wenn wir bewusst und tief atmen und unseren eigenen Atemrhythmus entdecken, fördern wir eine gesunde Entwicklung. Gerade Kinder haben häufig

Probleme mit den Atemorganen. Yoga bietet mit seinen Atemübungen und dem achtsamen Umgang mit dem Atem gute Unterstützung.

Es ist wichtig, die Kinder ihren eigenen Atemrhythmus finden zu lassen.

Dabei können verschiedene Merkmale des Atems benannt werden:

- ruhig
- voll und tief, erweitert den Raum in der Atemfülle
- regelmäßig und fließend, beruhigt

Der Atem besteht aus den Phasen von Ein- und Ausatmung sowie den Pausen dazwischen: die Fülle nach dem Ein und die Leere nach dem Aus.

- Der Atem hat eine anregende Wirkung, wenn wir etwas länger ein- als ausatmen.
- Der Atem hat eine beruhigende Wirkung, wenn die Ausatmung länger als die Einatmung geschieht.
- Sind beide Phasen gleich lang, ist die Wirkung ausgleichend.

Für Kinder gilt, dass wir sie ihren Atem vor allem beobachten und spüren lassen. Dazu gibt es viele Möglichkeiten, wie in den bisherigen Atemübungen sicherlich bereits deutlich wurde.

Zungenröllchen

Sitze oder stehe aufrecht und strecke die Zunge aus dem Mund. Manchen Kindern gelingt es, mit der Zunge ein Röllchen zu bilden, die anderen stellen es sich einfach vor. Durch diesen (vorgestellten) Kanal atmest du ein und durch die Nase wieder aus. Wiederhole dies mehrere Male. Spürst du den Einatem frisch und kühlend?

Wirkung: Erhöht den Sauerstoffgehalt im Blut, wirkt kühlend, gut bei erhöhter Temperatur.

Der Atem kann durch bestimmt Laute hörbar und spürbar gemacht werden, die verschiedenen Laute haben unterschiedliche Wirkungen und können gezielt eingesetzt werden. Bei allen Übungen wird der Laut mit der Ausatmung hörbar getönt, dies wird mehrmals wiederholt.

- sssssssss-Atmung: belebende Wirkung
- pfui-Atmung: aktiviert das Zwerchfell
- ha-Atmung: baut Anspannung ab, wirkt beruhigend
- schschsch-Atmung wie eine Eisenbahn: aktiviert das Zwerchfell
- ffffff-Atmung: gut bei asthmatischen Beschwerden

Kinder ahmen gern Geräusche nach, z.B. den Wind, das Bellen eines Hundes oder das Miauen einer Katze. All diese Geräusche wirken sich positiv auf den Atem aus und stärken die Lungenfunktion. Ebenso unterstützen Spiele wie Watte pusten, Seifenblasen machen und einen Luftballon aufblasen.

Das Beobachten des Atems in den Yogaübungen und in der Entspannung (z.B. mit einem Kuscheltier auf dem Bauch) sind gute Möglichkeiten, um Kinder darin zu unterstützen, ihren Atemrhythmus zu finden und tief und voll zu atmen.

Seifenblasen zu pusten macht nicht nur Spaß. Es vertieft auch die Ausatmung und schenkt auf diese Weise Ruhe und Gelassenheit.

5. Begegnungen – Yogaspiele und Partnerübungen

Was wäre das Leben ohne die anderen?

Wenn wir genug Zeit für uns selbst haben, Zeit, uns immer wieder neu zu finden und zu sammeln, dann ist die Begegnung mit anderen Menschen und Lebewesen ein großes Geschenk. Alles Lebendige kommuniziert, mit sich selbst und der Umwelt. Alles ist im Austausch, im Geben und Nehmen begriffen.

Kinder entfalten ihre Fähigkeiten besonders gut, wenn sie in einer »reizvollen« Umgebung mit Menschen aufwachsen, die ihnen mit Aufmerksamkeit, Achtsamkeit und Liebe begegnen.

Nestwärme – Eltern-Kind-Übungen zum Wohlfühlen

Ein Nest schenkt Schutz, Wärme, Geborgenheit und den nötigen Raum, um auszuschlüpfen und weiter zu wachsen. Es ist kuschelig und es hat eine klare und übersichtliche Struktur. Genau das brauchen Kinder. Sie benötigen Liebe und Geborgenheit, stabile und dauerhafte Beziehungen, Verlässlichkeit und Rituale im Tagesablauf. Kinder brauchen Lob und Anerkennung. Sie entwickeln ihr Selbstbild dadurch, wie andere sie sehen und behandeln. Sie brauchen positive Resonanzen und Ansprache, denn sie reagieren sehr sensibel auf Signale (z.B. aufmunterndes Kopfnicken oder freundliches Lächeln).

Kinder wünschen sich Geborgenheit.

Zur Entwicklung einer gesunden Identität benötigen Kinder klare und nachvollziehbare Strukturen. Stabil, klar und gerade wie ein Baum zu stehen tut Eltern und Kinder gut.

Baum mit Partner

Verlagere dein Körpergewicht auf den linken Fuß. Kannst du den rechten Fuß heben und ein bisschen ausschütteln? Stelle ihn dann auf den linken Fuß, die Ferse zeigt nach links. Stell dir vor, unter deinem linken Fuß wachsen Wurzeln, die dir Halt geben. Lege die Handflächen vor der Brust aneinander und schiebe die Hände langsam nach oben. Deine Arme werden zu Ästen, die in den Himmel wachsen. Atme tief und ruhig ein und aus. Verwandele dich in deinen Wunschbaum. Spürst du seine Stärke? Wenn du zurückgekommen bist, vergleiche deine Körperseiten und wiederhole anschließend zur anderen Seite.

Wirkung: Dehnt den ganzen Körper, fördert das Gleichgewicht und die Konzentration.

Wenn Sie mit Ihrem Kind üben möchten und gerade dicke Luft herrscht, warten Sie, bis sie sich verzogen hat, sonst sind Sie nicht frei im Umgang miteinander.

Es könnte eine Hilfe sein, erst einmal über das zu sprechen und davon zu hören, was los ist. Dabei wird ganz nach den Prinzipien des Yoga nichts bewertet, sondern nur das Bestehende wahrgenommen und zugelassen.

Bevor das möglich ist, muss, falls vorhanden, natürlich erst einmal Dampf abgelassen werden. Tun Sie etwas zu zweit oder allein, was Ihnen und dem Kind hilft, diesen aufgestauten Druck, Ärger oder was auch immer loszuwerden. Die Lockerungsübungen sind dazu eine gute Hilfe.

Es gibt viele Möglichkeiten, sich in einen Baum zu verwandeln. Angela und Yanik zeigen zwei leichte Stellungen: Die Fußzehen noch am Boden lehnt Yaniks Ferse an der Innenseite des anderen Beines. Angela stellt einen Fuß auf den anderen. Willst du eine dritte Variation ausprobieren? Setze einen Fuß in Kniehöhe an die Innenseite des anderen Beines. Immer ist es wichtig, sich gut zu verwurzeln. Erst dann wachsen die Arme wie Äste in den Himmel.

Dampf ablassen

Du stehst aufrecht und konzentrierst dich auf deine Atmung. Nach der nächsten Einatmung drehe den Kopf nach links und atme durch den Mund auf den Laut »pfffffft« hörbar aus. Mit der Einatmung hole den Kopf zurück in die Mitte.

Mit der nächsten Ausatmung wiederholst du zur anderen Seite. Stell dir vor, du atmest auf diese Weise allen Ärger einfach weg, bläst ihn über die Schulter fort.

Übe dies so lange, bis du spürst, du hast wirklich Dampf abgelassen.

Wirkung: Aktiviert das Zwerchfell und vertieft die Atmung, schenkt Ruhe und Gelassenheit.

Wackelpudding

Ihr Kind liegt entspannt auf dem Rücken, die Arme hinter dem Kopf oder neben dem Körper. Sie fassen die Füße und schütteln die Beine locker aus, Sie können die Beine auch einzeln lockern. Vielleicht spürt Ihr Kind die Schüttelbewegung im ganzen Körper, wie ein Wackelpudding.

Nun fassen Sie eine Hand, heben den Arm und schütteln auf die gleiche Weise.

Wirkung: Lockert sämtliche Muskeln und Gelenke, unterstützt dabei, Anspannung loszulassen.

Es ist sehr entspannend, einfach einmal nichts zu tun und dabei durchgeschüttelt zu werden. Achten Sie beim Schütteln darauf, selbst locker zu bleiben.

Sie hocken bequem und mit gestrecktem Rücken über den Füßen Ihres Kindes. Aus der Bauchlage ziehen Sie es behutsam, die Handgelenke fassend, etwas hoch in die Kobra. Wenn sich Kopf und Oberkörper heben, gibt Ihr Kind im Schultergürtel nach und weitet die Brust.

Kobra mit Partner

Ihr Kind liegt auf dem Bauch, der Kopf auf der Stirn, die Arme neben den Körper. Hocken Sie sich über die Beine Ihres Kindes, wählen Sie den richtigen Abstand. Sie sollten entspannt in die Hocke gehen können, wenn Sie Ihr Kind an den Händen greifen und liebevoll in die Kobra bringen. Überdehnen Sie nicht!

Wirkung: Kräftigt die Rückenmuskeln, dehnt die Bauchmuskeln, fördert die Beweglichkeit der Wirbelsäule. Die Dehnungen sind passiv noch intensiver.

Buch mit Partner

Ihr Kind kommt in den Langsitz. Sie sitzen hinter Ihrem Kind und unterstützen es beim Aufrichten der Wirbelsäule. Es ist sehr angenehm, eine wärmende Hand im unteren Rücken zu spüren.

Ihr Kind dehnt nun die Arme nach oben, beugt sich aus der Taille mit geradem Rücken nach vorn und fasst die Unterschenkel oder Füße. Unterstützen Sie wieder im Lendenwirbelbereich, dort wird gedehnt und losgelassen. Wenn Ihr Kind die Ellbogen nach außen dehnt, ist dies gut für die Schultern.

Vielleicht hat Ihr Kind ein Lieblingsbuch, in das hat es sich gerade verwandelt.

Im Langsitz ist der Rücken gerade aufgerichtet, die Schultern bleiben entspannt, der Nacken ist lang. Ein Heben der Arme verstärkt diese Streckung. So ist das Buch aufgeklappt. Wird es geschlossen, beugt sich Ihr Kind mit gestrecktem Rücken nach vorn. Sie können es dabei im Lendenwirbelbereich durch das Auflegen einer Hand zum Loslassen einladen.

Wirkung: Dehnt den Rücken und die rückwärtigen Beinmuskeln, fördert die Durchblutung des Bauchraums und der Bauchorgane, regt die Verdauung an.

Wo bist du?

Sie stehen Rücken an Rücken und jeder beugt sich nach vorn. Die Beine sind leicht gegrätscht und Sie fassen sich an den Händen. Lachen Sie sich an und freuen Sie sich über die ungewohnte Perspektive.

Wirkung: Dehnt Arm-, Schultern-, Bein- und die Rückenmuskeln, fördert die Durchblutung des Kopfes, belebend.

In dieser Vorbeuge halten Sie die Knie weich und lassen den Kopf locker hängen. Entspannt erblicken Sie ein vertrautes Gesicht einmal ganz anders.

Segelboot

Lassen Sie Ihr Kind in eine Grätsche springen und die Arme bis auf Schulterhöhe heben. Stehen Sie hinter ihm und stützen Sie die Arme. Achten Sie darauf, dass die Schultern Ihres Kindes entspannt bleiben.

Während Ihr Kind den linken Arm hebt, beugt es sich nach rechts, der andere Arm zeigt nach unten. Die Arme stellen den Segelmast dar, Beine und Oberkörper das Segel.

Achten Sie darauf, dass Ihr Kind im Becken und in der linken Schulter nicht nach vorn aufdreht. Hier können Sie es unterstützen. Anschließend zur anderen Seite wiederholen.

Wirkung: Kräftigt die Muskeln von Rücken, Bauch und Beinen, fördert die Beweglichkeit der Wirbelsäule, weitet den Brustkorb, regt die inneren Organe und die Verdauung an.

Aus der Grätsche, das Gewicht auf den Außenkanten der Füße, breitet Ihr Kind die Arme auf Schulterhöhe aus. Nun beugt es sich zur Seite, ohne das Becken und die Schulter zu verschieben. Lassen Sie Ihr Kind in der Haltung seinen Atem beobachten. Wo ist er besonders deutlich zu spüren – vielleicht in der gedehnten Seite?

Wie viele Säckchen?

Während Ihr Kind entspannt auf dem Bauch liegt, legen Sie ihm nach und nach kleine Säckchen, z.B. mit Sand, Hirse, Dinkel o.Ä. gefüllt, auf den Körper. Verwenden Sie eine bestimmte Menge, von der Sie denken, dass Ihr Kind sie sich merken kann. Lassen Sie es anschließend die Anzahl und die Körperstellen benennen, wo es die Säckchen spürt.

Lassen Sie Ihr Kind spüren, wo es im Körper besonders Unruhe erlebt und wo es Säckchen liegen haben möchte. Platzieren Sie die Säckchen entsprechend und lassen Sie Ihr Kind damit entspannen. Tauschen Sie dann einmal die Rollen und erleben Sie selbst, wie angenehm es ist, die Säckchen auf Ihrem Körper zu spüren. Vielleicht mögen Sie an diese Übung eine Traumreise (siehe Seite 97) anschließen?

Wirkung: Entspannt und beruhigt, fördert dabei die Sinneswahrnehmung und das Gespür für den eigenen Körper.

Die kleinen Säckchen helfen beim Spüren und Entspannen. Sie lassen sich ganz einfach selbst herstellen. Als Füllung können Sie z.B. Dinkel oder Hirse verwenden. Kirschkerne lassen sich sogar erhitzen, so wird das Säckchen zum wohltuenden Wärmekissen.

Spielwiese – Partnerübungen für zwei Kinder

Es folgen Übungen für zwei Kinder.

Kinder lernen ganz spielerisch die Welt begreifen. Mit der nötigen Nestwärme im Rücken begeben sie sich auf Entdeckungsreise, und da ist die Begegnung mit anderen Kindern genau das Richtige.

Bär und Baum

Die Kinder stehen Rücken an Rücken. Eines der Kinder verwandelt sich in einen starken Baum, das andere in einen Bären. Diesem Bären juckt das Fell und er beginnt sich lustvoll am Baum zu kratzen. Er reibt dazu seinen Rücken an der rauen Rinde des Baumes hin und her: Ah, tut das gut!
Natürlich wollen Baum und Bär auch einmal die Rollen tauschen.

Wirkung: Lockert und entspannt den Rücken, fördert die Beweglichkeit der Wirbelsäule.

Wie einen Rucksack nimmt die eine von euch die andere huckepack. Es geht besonders gut, wenn ihr beide gleich groß seid. Achtet darauf, dass ihr euch nicht zu weit nach vorn bzw. hinten beugt.

Lustvoll »schubbert« sich die Bärin an der rauen Rinde des starken Baumes. Eine gute Übung für zwei gleich große Freundinnen.

Huckepack

Rücken an Rücken beugt sich ein Kind nach vorn, das andere nach hinten, während es dabei huckepack auf dem Rücken des anderen liegt. Dann die Rollen tauschen.

Wirkung: Fördert die Beweglichkeit der Wirbelsäule, dehnt Vorder- und Rückseite.

Nun setzt euch einmal auf unsichtbare Stühle. Wenn der Abstand zwischen euch ausreichend ist, stützt ihr euch dabei gegenseitig. Ob ihr es richtig macht, merkt ihr, wenn Ober- und Unterschenkel im rechten Winkel sind und der Rücken aufgerichtet bleibt.

Unsichtbarer Stuhl

Die Kinder stehen sich gegenüber und fassen sich an den Händen. Sie achten auf den richtigen Abstand, sodass sie sich aneinander festhalten können, wenn sie sich mit geradem Rücken auf den unsichtbaren Stuhl setzen, bis Ober- und Unterschenkel im rechten Winkel sind. Versuchen Sie es einmal allein, das ist viel schwerer als zu zweit.

Wirkung: Kräftigt die Beinmuskeln, streckt den Rücken.

Mit einem Fuß am Knie der Freundin beugt sich immer eine von euch nach vorn und die andere lehnt sich zurück. Achtet darauf, dass der Rücken gestreckt bleibt, und stellt euch vor, ihr rudert auf einen See hinaus.

Rudern zu zweit

Die Kinder sitzen sich gegenüber. Beide beugen das rechte Bein ein und legen den linken Fuß bei ausgestrecktem Bein an das Knie des anderen. Sie fassen sich an den Händen und beugen sich im Wechsel vor und zurück, als würden sie rudern.
Wirkung: Dehnt Vorder- und Rückseite.

Kribbel Krabbel – praktische Massagen und Massagespiele

»Das geht mir unter die Haut«, »Das ist zum Aus-der-Haut-Fahren«, »Ich fühle mich nicht wohl in meiner Haut« sind Redensarten, die ausdrücken, dass es eine unmittelbare Beziehung zwischen der Haut und den Gefühlen gibt. Fühlen kann also in doppelter Bedeutung verstanden werden.

Beim Yoga lassen sich wunderbar kleine Massagespiele integrieren, die die Kinder besonders mögen. Selbst unruhigere Kinder können während und nach einer Massage gut entspannen. Lassen Sie Ihrer eigenen Fantasie freien Lauf, spontane Einfälle sind oft die besten. Die folgenden Massagespiele liefern Ihnen ein paar Ideen.

Von der kleinen Wunschfee verzaubert

Ihr Kind liegt entspannt auf dem Bauch und wird von Ihnen mit der Hand oder einem Zauberstab an verschiedenen Körperstellen berührt. Lassen Sie Ihr Kind den Berührungsreiz spüren, lokalisieren und benennen. Wenn Sie es an mehreren Stellen hintereinander berühren und es diese der Reihe nach aufzählt, schult es auch noch seine Merkfähigkeit. Sicher mag Ihr Kind auch einmal den Zauberstab schwingen.

Faxen

Sie malen Ihrem Kind Buchstaben auf den Rücken, die es zu einem Wort zusammensetzen soll. Stellen Sie sich vor, Sie geben ein Fax ein und Ihr Kind ist der Empfänger.
Dieses Spiel eignet sich gut für mehrere Kinder. Es sitzen alle hintereinander und das letzte Kind in der Reihe gibt das Fax ein.
Rechnen: Auf die beschriebene Weise können auch kleine Rechenaufgaben gelöst werden.
Bilder malen: Malen Sie ein kleines Bild (z.B. Sonne, Baum etc.) und lassen Sie Ihr Kind raten.

Alle Wetter

Die Sonne scheint und wir gehen spazieren.
    Mit flachen Händen sanft über den Rücken streichen, kreisförmig und ausstreichend.
Es beginnt zu regnen, ein paar Regentropfen fallen ...
    Mit den Fingerkuppen sanft den Rücken klopfen.
Der Regen wird stärker.
    Mit flachen Händen vorsichtig auf den Rücken trommeln.
Es donnert ein bisschen.
    Mit lockeren Fäusten behutsam auf den Rücken trommeln, nicht auf die Wirbelsäule.
Da blitzt es auch schon.
    Mit den Zeigefingern Zick-Zackbewegungen auf dem Rücken machen.

Es hagelt sogar!
>   Mit den Fingerknöcheln auf den Rücken klopfen.

Es wird sehr stürmisch.
>   Mit den Handkanten von innen nach außen streichen.

Da laufen wir so schnell wir können nach Hause.
>   Mit den Daumen rechts und links der Wirbelsäule mit sanftem Druck langsam nach oben wandern.

Zu Hause angekommen scheint die Sonne wieder.
>   Mit flachen Händen noch einmal den Rücken ausstreichen und zum Schluss die Hände ein bisschen liegen lassen.

Im Zoo

Heute gehen wir in den Zoo und sind schon ganz aufgeregt.
>   Mit allen Fingern über den Rücken krabbeln.

Wir treffen als Erstes die Flamingos, sie stehen auf einem Bein.
>   Mit den Zeigefingern sanft in den Rücken piksen.

Dann kommen wir zu den lustigen Affen, sie hüpfen von Ast zu Ast.
>   Im schnellen Wechsel mit allen Fingern die Haut sanft zupfen.

Der Elefant trottet schwerfällig in seinem Gehege herum.
>   Mit lockeren Fäusten den Rücken beklopfen.

Im Schlangenhaus windet sich die Kobra im Terrarium.
>   Mit den Zeigefingern Schlangenlinien fahren.

Das Krokodil sperrt sein gewaltiges Maul weit auf.
>   Alle Finger zusammenbringen und schnell öffnen.

Am besten gefallen uns aber die kleinen Bären, wie sie bei ihrer Mutter liegen und schlafen.
>   Die flachen Hände auf den Rücken legen und liegen lassen.

6. Fliegender Teppich – rund um das Thema Entspannung

Nicht nur Erwachsene, besonders auch Kinder kennen es, aus einem Wachzustand plötzlich in eine Art Trance, eine kleine Tagträumerei zu sinken. Oft sind dies die kleinen Fluchten und die Kinder tanken in diesen Momenten des Abschaltens wieder auf. Sie beamen sich in ihrer Vorstellung einfach an einen anderen Ort, und dadurch geht es ihnen schon ein bisschen besser.

In diesen Augenblicken scheinbaren Nichtstuns geschieht im Gehirn ganz viel, die Kinder sind besonders empfänglich für Botschaften und Signale. Werden diese Momente mit positiven Bildern und Verstärkern gefüllt, dann bauen die Kinder ihr Selbstbewusstsein auf.

Yoga nutzt diese Zustände der Entspannung ganz bewusst und leitet sie durch gezielte Techniken ein.

Die Kinder konzentrieren sich auf den Atem, vor allem auf die beruhigende Wirkung der Ausatmung, und lassen gezielt ihre Muskeln im Körper los.

Das führt dazu, dass sich die Gehirnwellen verlangsamen und in einem ruhigeren, großen Muster verlaufen. In diesem entspannten Zustand sind Informationen leichter zugänglich. Klar, dass daher natürlich besonders Schulkinder von den folgenden Entspannungsübungen profitieren.

Während der Körper völlig entspannt ist, fokussiert die Aufmerksamkeit bei vollem Bewusstsein auf ganz bestimmte Vorstellungen, Aspekte der Umwelt und des Körpers. Dies ist eine aktive Leistung, bei der die Vorstellungskraft, Konzentration, Aufmerksamkeit und Kreativität eine wichtige Rolle spielen. Dabei geschehen alle Prozesse wie von selbst, ganz ohne Mühe, scheinbar magisch, spielerisch.

Entspannt und mit angenehmen Gefühlen verknüpft gelangen Informationen schneller in das Langzeitgedächtnis.

Es ist sinnvoll, einige Zeit bei einer Entspannungsmethode zu bleiben.

Bevor Sie und Ihr Kind gleich an wunderbare Orte Ihrer Fantasie reisen, möchte ich Ihnen noch ein paar verschiedene Entspannungsmethoden vorstellen. Wählen Sie die aus, die Ihnen und Ihrem Kind am meisten liegt und bleiben Sie für einige Zeit bei dieser Methode, bevor Sie etwas anderes ausprobieren.

Eine Entspannung besteht aus verschiedenen Phasen, die Sie je nach Alter und Möglichkeit des Kindes kürzer oder länger gestalten können. Sie sollten insgesamt aber mindestens zehn Minuten einplanen.

Phasen der Entspannung:

1. Die richtige Lage finden
2. Hinführung
3. Entspannungsmethode
4. Traumbilder/Traumreise (kann entfallen, wenn Sie nur wenig Zeit haben)
5. Rückführung

Die richtige Lage

Die meisten Erwachsenen und viele Kinder liegen im Yoga in der Tiefenentspannung am liebsten auf dem Rücken:

- Die Fußzehen fallen locker auseinander.
- Das Becken liegt breit auf.
- Die Arme liegen so, dass in den Achselhöhlen Platz zum Atmen ist.
- Der Nacken ist lang, evtl. noch einmal den Hinterkopf am Boden nach oben schieben und das Kinn an die Brust ziehen.
- So können alle Muskeln und Gelenke im Körper optimal entspannen.

Manche Kinder liegen lieber auf dem Bauch. So fühlen sie sich mehr geborgen, das gilt es zu respektieren.

- Den Kopf auf eine Wange legen.
- Die Beine und Füße leicht geöffnet ablegen, es ist möglich, die Fersen sowohl nach innen wie nach außen zu platzieren. Entscheidend ist, was Ihr Kind angenehmer findet.
- Die Arme neben den Körper legen oder angewinkelt, die Oberarme zu den Seiten ausgebreitet.

Möchte sich ein Kind gar nicht hinlegen oder ist kein Raum dafür da, lässt sich auch im Sitzen, auch auf Stühlen, entspannen:
- Der Rücken ist aufgerichtet.
- Die Schultern sind locker.
- Auf dem Stuhl haben beide Füße Kontakt mit der Erde.
- Die Hände ruhen auf den Oberschenkeln.
- Die Augen am besten schließen, im Sitzen sind die Kinder abgelenkter als im Liegen.

Hinführung

Diese Phase dient dem Ankommen im eigenen Körper, die Sinne werden von außen nach innen gelenkt.

Empfehlen Sie Ihrem Kind, die Augen zu schließen, aber zwingen Sie es nicht dazu. Erklären Sie ihm, dass es mit geschlossenen Augen viel besser entspannen und auftanken kann und dass es sich die Geschichte, die Sie gleich erzählen werden, noch viel genauer vorstellen kann. Lassen Sie es sich vorher noch einmal umschauen, was alles in seiner Umgebung ist, und versprechen Sie ihm, dass sich in der Zeit der Entspannung nichts verändern wird.

Stell dir vor, du unternimmst gleich eine Reise mit deiner Fantasie.
Schließe dazu die Augen und mach es dir ganz bequem.
Lenke deine Aufmerksamkeit von außen nach innen, wie eine Schildkröte, die sich in sich selbst zurückzieht.
Spüre in deinen Bauch und zu deiner Atmung, ein und aus …

Entspannungsmethoden

Es gibt viele unterschiedliche Wege der Entspannung. Ich möchte Ihnen die vorstellen, mit denen ich bei Kindern die besten Erfahrungen gemacht habe.

Entspannungsmethode 1
Den Atem beobachten

Leiten Sie das Kind mit den folgenden Schritten an:

Du liegst ganz entspannt. (Vgl. »Die richtige Lage«, S. 88)
Lege wenn möglich deine Hände auf den Bauch und beobachte deinen Atem beim Ein- und Ausströmen.
Jedes Mal, wenn du einatmest, nimmst du Sauerstoff und neue Energie auf.
Jedes Mal, wenn du ausatmest, gibst du verbrauchte Luft und Anspannung ab.
Konzentriere dich jetzt auf deine Ausatmung und lasse jedes Mal, wenn du ausatmest, alles los.

Je nach Alter des Kindes können Sie die weitere Ansage kürzer oder länger gestalten.
- Kürzer: auf Beine, Bauch, Arme und Kopf beschränken
- Länger: Füße, Becken, Rücken, Schultern, Nacken dazunehmen

Deine Füße liegen am Boden und du lässt ausatmend alle Anspannung in den Boden abfließen, nach und nach spürst du beide Füße ganz ruhig.
Deine Beine …

Auf diese Weise fortfahren und nach und nach in der folgenden Reihenfolge die Körperbereiche ansprechen:
- Becken
- Rücken

- Bauch
- Schultern
- Arme
- Nacken
- Kopf

Wirkung: Entspannt gezielt den gesamten Organismus, besonders hilfreich, um Anspannung, Blockaden, Schmerzen etc. loszulassen

Entspannungsmethode 2
Sich von der kleinen Fee berühren lassen

Diese Entspannungsübung wird ausführlich auf Seite 18 beschrieben.

Entspannungsmethode 3
Mein Körper im Sand

Leiten Sie das Kind mit folgenden Schritten an:

Stell dir vor, du liegst im Sand, irgendwo am Meer, vielleicht in einer geschützten, kleinen Sandbucht. Spürst du, wie der weiche, warme Sand unter dir nachgibt? Du kuschelst dich noch gemütlicher ein und stellst dir das Abbild deiner Füße im Sand vor.
Mit jeder Ausatmung sinken die Füße tiefer, und der Abdruck wird deutlicher. Stell dir das Abbild deiner Beine im Sand vor …

Auf diese Weise fortfahren, damit sich das Kind die einzelnen Körperteile als Abbild im Sand vorstellen kann:
- Po
- Rücken oder Bauch
- Schultern

- Arme und Hände
- Kopf

Dann stell dir deinen Körper noch einmal als Ganzes im Sand liegend vor. Wie sieht das Abbild aus, das du im Sand hinterlässt? Das ist deine Spur im Sand.

Wirkung: Fördert die Eigenwahrnehmung besonders intensiv.

Entspannungsmethode 4
Mit dem Zauberteppich fliegen

Leiten Sie das Kind mit folgenden Schritten an:

Stell dir vor, du liegst auf einem fliegenden Teppich. Male dir seine Farben, seine Muster genau aus. Spürst du, wie kuschelig weich er ist? Du kannst dich wunderbar fallen lassen und tief in ihn einsinken.
Stell dir vor, jedes Mal, wenn du ausatmest, hebt sich der Teppich ein Stück von der Erde ab.
Zunächst nur ein kleines Stück über dem Boden fliegt der Teppich schon bald in der Luft. Spüre zu deiner Ausatmung und fühle, wie du immer leichter wirst, schon bald schwerelos auf dem Teppich davonfliegst.
Mit jeder Ausatmung werden deine Beine leichter,
dein Po,
dein Rücken,
dein Bauch,
deine Arme,
dein Kopf.
Du fliegst höher und höher und lenkst deinen Teppich an einen Ort, an dem du dich ganz wohl fühlst.

Wirkung: Eignet sich gut bei Kindern, die traurig und depressiv verstimmt sind.

Entspannungsmethode 5
Reise mit dem Unterwasserseeboot

Du steigst über eine Leiter in das Unterwasserseeboot hinab.
Drinnen ist es ganz eng, überall liegen Rohre und Leitungen, in denen es gluckert. Es gibt viele Armaturen mit Knöpfen, Rädern und bunten Anzeigen zu sehen, überall blinkt es. Die Luft ist warm und es riecht ein bisschen nach Öl.
Du schließt die Luke und startest die Motoren. Langsam sinkt das Fahrzeug tiefer und tiefer.
Du spürst deinen Atem und stellst dir jedes Mal, wenn du ausatmest, vor, wie das Boot tiefer und tiefer sinkt.
Jedes Mal, wenn du ausatmest, sinkt auch dein Körper tiefer.

Sprechen Sie nun die einzelnen Körperteile an (vgl. Methoden 1–4).

Eine große Stille breitet sich aus. Schwerelos gleitest du durch die herrliche Unterwasserwelt.

Wirkung: Eignet sich gut bei sehr aktiven und unruhigen Kindern.

Entspannungsmethode 6
Taucheranzug

Bei dieser Methode stellt sich Ihr Kind vor, einen ganz bestimmten Anzug, z.B. Raumanzug, Taucheranzug, eine zweite Haut (vgl. Der kleine indische Prinz S. 50) o.Ä. anzuziehen.
    Bei dieser Übung geschieht die Entspannung während des vorgestellten Anziehens.

Du schlüpfst mit dem rechten Bein in den Anzug.
Dein rechtes Bein wird ganz ruhig und entspannt.
Du schlüpfst mit dem linken Bein in den Anzug.
Dein linkes Bein ...

Auf diese Weise fortfahren: über den Po ziehen, über den Rücken ziehen, mit dem rechten Arm hineinschlüpfen, mit dem linken Arm hineinschlüpfen, den Reißverschluss zuziehen und schließlich die Kapuze aufsetzen.

Wirkung: Der Anzug gibt dem Kind besonderen Schutz und eignet sich daher für Kinder, die gerade verzagt sind oder Unterstützung brauchen.

Im Anschluss an die Entspannungsmethode kann eine Traumreise (siehe Kapitel 7) oder eines der Traumbilder angefügt werden.

Traumbilder

Diese kurzen Fantasiereisen eignen sich besonders gut für Kinder, die den längeren Traumreisen (noch) nicht folgen können. Die Anregungen lassen den Kindern genug Freiraum, um in eigene innere Bilder einzutauchen. Wer mag, kann anschließend erzählen oder malen, was er erlebt hat. Drängen Sie die Kinder jedoch nicht dazu.

Vielleicht mögen Sie auch selbst einmal eine solche kleine Reise unternehmen und anschließend erzählen, was Ihnen begegnet ist.

Es stabilisiert Kinder enorm, wenn sie innere Kraftbilder und Kraftquellen entdecken.

Mein sicherer Ort

Schaue in deinem Inneren nach einem sicheren Ort: ein Ort, an dem du dich ganz wohl fühlst und den nur du allein betreten kannst. Überprüfe, ob du es dir dort ganz bequem machen kannst, ob du dich ganz und gar wohl fühlst. Was siehst du? Kannst du etwas Schönes hören oder riechen? Wie fühlt sich das in deinem Körper an, an diesem sicheren Ort zu sein, in deinen Muskeln, deinem Bauch ...

Einen sicheren Ort im eigenen Inneren zu kennen gibt in schwierigen Zeiten Kraft.

Schatzkiste

Stell dir vor, du hast einen Schatz gefunden (z.B. auf der Unterwasserreise in einem versunkenen Schiff). Wo ist er versteckt? Gelingt es dir leicht, ihn zu öffnen? Was enthält er für Schätze? Male dir jede Kleinigkeit genau aus.

Fremder Planet

Du bist mit einem Raumschiff zu einem weit entfernten Stern in einer fremden Galaxie geflogen. Was entdeckst du auf diesem Planeten?

Heldenhafte Tat

Stell dir vor, du verwandelst dich in jemanden, der ganz mutig ist, und du hast eine heldenhafte Tat vollbracht Was ist es gewesen? Was hast du dabei erlebt? Wie fühlst du dich jetzt? (Eignet sich z.B. nach einer Indianerstunde)

Rückführung

Nach der Entspannung ist es wichtig, dass Sie Ihrem Kind Zeit geben, wieder langsam und in seinem Tempo zurückzukehren. Sie können dies z.B. auf folgende Weise tun:

Nun ist es Zeit, dich langsam von … (wo Sie das Kind in seiner Fantasie hingeführt haben) zu verabschieden.
Bevor du gleich zurückkehrst, prägst du dir alles noch einmal ganz genau ein: das gute Gefühl in dir, alles, was dir an Angenehmen (evtl. benennen) begegnet ist. Und du weißt, du kannst in deiner Fantasie jederzeit wieder an diesen Ort gelangen. Du brauchst ihn dir nur genau vorzustellen.
Jetzt, wo du das weißt, fange an, tiefer ein- und auszuatmen, und spüre, wie du langsam den Weg zurück wieder in deinen Körper und in diesen Raum findest.
Räkele und strecke dich wie morgens nach dem Aufwachen, gähne herzhaft.
Reibe deine Hände aneinander und lege sie über deine geschlossenen Augen.
Öffne die Augen nun in die Hände und komme wieder ganz zurück.

Falls Ihr Kind nicht so viele Worte mag, können Sie einfach von 10 bis 1 rückwärts zählen. Dabei sagen Sie vorher:

Ich zähle jetzt gleich von 10 bis 1.
Wenn ich bei 3 bin, ballst du die Hände zu Fäusten.
Bei 2 streckst du die Arme nach oben und atmest tief ein und aus.
Bei 1 bist du wieder ganz da.

10, 9, 8, 7, 6, 5, 4,
3 – Hände zu Fäusten ballen.
2 – Arme nach oben strecken und tief ein- und ausatmen.
1 – Jetzt bist du wieder ganz da.

Wenn Sie Ihr Kind vor dem Schlafen in die Entspannung führen, entfällt die Rückführung.

7. Traumhafte Geschichten zum Vorlesen, Träumen, Üben und Entspannen

Kinder lieben es, gemütlich eingekuschelt an einem Ort, wo sie sich richtig wohl fühlen, Geschichten zu hören oder zu lesen. Geschichten regen ihre Fantasie an und Kinder verarbeiten so die Wirklichkeit. Fantasie ist sozusagen die Produktivkraft des menschlichen Bewusstseins.

Durch die Identifikation mit den Protagonisten entwickeln Kinder ihre eigenen Persönlichkeitsanteile und bekommen durch diese Auseinandersetzung Zugang zu eigenen Unsicherheiten, Stärken und vor allem zu ihren Gefühlen.

In der Verbindung mit Yoga lernen Kinder, diese Gefühle auszudrücken. Sie erwerben Strategien, sich von den Emotionen nicht aus der Bahn werfen zu lassen, und erfahren Gelassenheit.

Die folgenden Geschichten lassen sich gut mit den Yogaübungen verbinden. Sie können die Geschichten aber auch nur zum Entspannen nutzen, das Ende führt Ihr Kind in die gewünschte Ruhe.

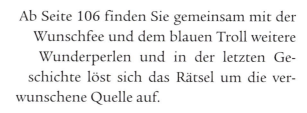

Ab Seite 106 finden Sie gemeinsam mit der Wunschfee und dem blauen Troll weitere Wunderperlen und in der letzten Geschichte löst sich das Rätsel um die verwunschene Quelle auf.

Die kleine Muschel

Irgendwo vor der Küste draußen im Meer liegt ein zerklüftetes Felsenriff.

Die Steine sind Wind und Wasser ausgesetzt. Häufig scheint die helle Sonne und wärmt die Steine mit ihren Strahlen (Sonnenschein).

An diesen Felsen leben auch die Muscheln. Zu Hunderten und Tausenden wachsen sie fest verankert mit dem Gestein.

Zwischen all diesen Muscheln lebt eine kleine Muschel, der dieses Dasein entsetzlich langweilig vorkommt. Sie ist ganz zappelig (Schütteln) und ruckelt und zuckelt ständig herum. Sie möchte so gern frei sein und einfach davonschwimmen.

Im Meer tummeln sich zahlreiche Tiere. Das möchte die kleine Muschel auch tun. Sie wünscht sich, wie das Seepferdchen durch das Wasser zu tanzen. Die Delphine springen lustig über die Wellen und die Möwen fliegen kreischend über das Meer, auf der Suche nach Nahrung.

So jammert und quengelt die kleine Muschel tagein und tagaus. Die anderen können es kaum noch ertragen. Sie lassen sich dicke Pocken auf ihren Schalen wachsen, um das Gezeter nicht mehr so laut hören zu müssen. Was bleibt der kleinen Muschel anderes zu tun, als auch stillzuhalten …

Doch wie erstaunt ist sie, als plötzlich ein gewaltiger Sturm aufzieht. Die Segelboote rasen über das Wasser und steuern den sicheren Hafen an. Das Meer hat sich zu meterhohen Wellen aufgetürmt. Die Fluten reißen alles mit sich, was sich nicht halten kann. Die Muscheln kleben fest am Gestein, ihnen scheint das Unwetter gar nichts auszumachen. Die kleine Muschel aber findet es furchtbar anstrengend, sich so anklammern zu müssen.

Da hat sie eine Idee.

Sie ruckelt und zuckelt wieder ein bisschen und lässt einfach los. Es dauert nicht lange und das Wunder ist geschehen. Mit einer großen Welle löst sie sich vom Fels (Höhle) und wird davongespült. Es geht hoch und runter, sie wird hin und her geschleudert und ihr wird fast ein wenig schwindelig.

Schließlich legt sich der Wind und das Meer ist wieder spiegelglatt. Die Wolken haben sich verzogen und die Sonne lacht von einem strahlend blauen Himmel.

Die kleine Muschel ist überglücklich: Ihr Wunsch ist in Erfüllung gegangen. Jetzt schwimmt sie genau wie die Delphine und das Seepferdchen durch

Übungsanleitungen
S. 26 und 54

Übungsanleitung
S. 15

Übungsanleitungen
S. 55, 57 und 62

Übungsanleitungen
S. 80 und 56

Übungsanleitung
S. 46

die herrliche Unterwasserwelt. Sie fühlt sich ganz leicht und schwerelos und entdeckt dabei die wunderbarsten Dinge.

Ein Stück darf sie sogar auf dem Rücken eines Delphins mitschwimmen und schließt mit ihm Freundschaft. Er ist es auch, der sie schließlich in die Bucht einer einsamen Insel bringt. Dort lässt sich die Muschel im flachen Wasser einfach fallen. Nun liegt sie auf dem Grund im weichen Sand. Ein gewaltiges Gefühl der Ruhe und Entspannung durchströmt ihren kleinen Muschelkörper.

Auch du liegst wie die kleine Muschel im weichen Sand.

Mein Körper im Sand

Entspannungs-methode 3, S. 91

Die kleine Muschel ist nicht allein in der Bucht. Viele Tiere besuchen sie dort, die Möwen, das Seepferdchen und bunte Fische. Am liebsten macht sie aber auf dem Rücken des Delphins einen Ausflug durch das Meer. Dabei erleben die beiden die schönsten Dinge.

Vor lauter Glück wächst in der kleinen Muschel mit der Zeit eine wunderschöne Perle heran.

Willi Wurm

Irgendwo in einer großen Stadt gibt es einen Zoo. Dort leben viele Tiere, große und kleine, gefährliche und ganz friedliche. Die meisten Tiere bekommen jeden Tag Besuch.

Die Zoogäste freuen sich, wenn die Affen **(Gorilla)** munter von Ast zu Ast springen.

Ob der Adler wohl fliegen kann? **(Vogel fliegt auf)**

Der **Elefant** schwenkt seinen Rüssel hin und her.

Wie geschickt die **Giraffe** mit ihrem langen Hals die Blätter von den höchsten Ästen zupft.

Bei den Raubtieren bewundern die Besucher den majestätischen **Löwen**. Wenn er sein großes Maul aufreißt und gähnt, erschrecken sie sich.

Übungsanleitung S. 44

Übungsanleitungen S. 43, 44, 66 und 61

Der Tiger wacht auf und streckt sich.

Viele Kinder sind gern auf der Streichelwiese. Dort füttern sie die Ziegen, Schafe und Hasen.

Auf dem Rücken eines Kamels würden die Kinder gern einmal durch die Gegend schaukeln.

Jeder Besucher hat mindestens ein Lieblingstier. Dort verweilt er besonders lange und beobachtet alles ganz genau. Welches ist deines? (Kurze Pause)

Ein Tier aber in diesem Zoo wird von niemandem beachtet. Es lebt am Rand der Streichelwiese in den Brennnesseln.

Dort balanciert es auf schmalen Ästchen. Kurz vor dem Abstürzen richtet es sich zu seiner vollen Größe auf. Im Fallen hält es sich mit dem Schwanzende gerade noch an einem umgeknickten Stiel fest.

Es ist Willi Wurm, der alles tut, um endlich einmal von den Besuchern beachtet zu werden.

Er turnt auf dem Gitter des Raubtiergeheges herum. Dabei ist er dem großen Maul des Löwen gefährlich nah. Er seilt sich vom höchsten Baum an einem dünnen Faden ab und landet auf dem Kopf der Giraffe. Doch sie schüttelt ihn nur ab.

Was er auch tut, niemand interessiert sich für ihn.

Beinahe hätte ihn der langbeinige Flamingo gefressen. Vielleicht war es auch zu gefährlich, auf seinem Schnabel herumzukrabbeln.

Im letzten Moment rettet er sich unter ein großes Blatt. Dort liegt er nun und ist völlig erschöpft.

Ganz mutlos liegt er unter dem Blatt. Er fragt sich, ob ihn wohl jemals jemand beachten wird.

Da kommt die Sonne (Sonnenschein) hinter einer Wolke hervor und scheint ihm warm auf den Bauch. Das fühlt sich sehr gut an.

Die helle Sonne blendet Willi Wurm in den Augen und er blinzelt. Im nächsten Augenblick kommt die kleine Wunderfee durch die Luft angesaust. Sie landet genau neben Willi im Gras.

»Was wünschst du?«, fragt sie Willi Wurm.

»Niemand beachtet mich. Es wäre so schön, wenn die Zoobesucher auch einmal zu mir schauen würden«, sagt er traurig.

»Warte mal«, sagt Blinzel, »ich habe eine Idee.«

Übungsanleitungen
S. 45 und 37

Übungsanleitung
S. 60

Übungsanleitung
S. 59

Übungsanleitung
S. 26

Schon berührt sie ihn mit ihrem Zauberstab und ein wunderbares Gefühl der Ruhe und Entspannung strömt in seinen kleinen Raupenkörper.

Auch du wirst von Blinzel berührt.

Sich von der kleinen Fee berühren lassen

Entspannungs-anleitung S. 18

Genau wie Willi Wurm bist du nun ganz ruhig und entspannt.

Jetzt bist du bereit für einen kleinen Traum.

Stell dir vor, deine Arme verwandeln sich in Flügel. Du breitest die Flügel aus und fliegst mit leichten Flügelschlägen hoch in die Luft. Von oben kannst du alle Tiere im Zoo noch einmal ganz deutlich sehen. Entdeckst du dein Lieblingstier? Was macht es gerade?

Wie erstaunt bist du, als du Willi Wurm siehst. Er hat sich verändert.

Er ist nicht mehr nur lang und rund, sondern an seinen Seiten ist etwas gewachsen. Plötzlich entfalten sich zwei riesige Flügel. Sie haben ein wunderschönes Muster, silberne Punkte leuchten in der Sonne.

Wie von selbst breitet Willi seine Flügel aus und flattert auch schon auf. Die Punkte fangen an zu glitzern wie Wunderperlen.

Im nächsten Moment hört er eine erstaunte Kinderstimme: »Seht doch mal den schönen Schmetterling!« Da durchströmt ihn ein wunderbares Glücksgefühl und füllt seinen ganzen Körper aus.

Kati, die mutige Kastanie

Übungsanleitung S. 26

Es ist Herbst. Der Wind zaust an den Bäumen. Er reißt an ihren Blättern und Früchten, sodass sie auf die Erde plumpsen. (Baum im Wind, Arme heben und den Oberkörper hin und her bewegen)

Ein Bär stapft durch den Wald. Es juckt ihm das Fell. So sucht er sich den größten Baum weit und breit. Es ist ein Kastanienbaum, er steht mitten auf einer Waldlichtung. Dort kratzt er sich lustvoll an dem rauen Baumstamm (Bär und Baum). Ah, tut das gut. Gemütlich trottet der Bär davon.

Übungsanleitung S. 82

Der Förster kommt fröhlich pfeifend seines Weges. Er trägt einen Rucksack auf dem Rücken (Huckepack). Weil es ihm auf der Lichtung so gut gefällt, setzt er sich auf einen Baumstumpf (Unsichtbarer Stuhl). Er öffnet seinen Rucksack und holt einen Apfel heraus. Genüsslich verzehrt er das leckere Obst.

Übungsanleitungen S. 83

Tief aus dem Wald hört er einen Holzhacker bei der Arbeit. So macht er sich wieder auf den Weg, um nach dem Rechten zu sehen.

Übungsanleitung S. 16

Der Wind hat sich gelegt. Der Kastanienbaum ist so groß, dass er mit seinen höchsten Ästen über den ganzen Wald blicken kann. (Baum)

Übungsanleitung S. 26

Er sieht, dass die Bäume schon ganz kahl sind. Die meisten Blätter und Früchte sind schon zu Boden gefallen. Doch an seinem allerhöchsten Ast spürt er etwas zappeln. Es ist Kati, die kleine Kastanie.

Sie hängt dort oben in ihrer stacheligen Hülle. Krampfhaft hält sie sich fest (Einatmend Arme auf Schulterhöhe heben, Fäuste ballen und ausatmend wieder loslassen). Das ist anstrengend und Kati ist schon ganz müde. Doch sie hat große Angst loszulassen und herunterzufallen. So klammert sie sich weiter fest.

Kati sieht Kinder auf die Lichtung kommen. Sie sammeln im raschelnden Laub Kastanien. Jedes Mal, wenn sie eine gefunden haben, freuen sie sich. Mit prallen Taschen laufen die Kinder davon.

Kati fühlt sich traurig und allein (Oberkörper locker nach vorn hängen lassen). Sie wäre auch gern unten bei den anderen.

Übungsanleitungen S. 46 und 65

Ein Hund kommt bellend herbeigelaufen. Er hebt doch tatsächlich ein Bein und pinkelt an den Baum (Höhle, ein Bein heben). Da fällt ihm eine dicke Kastanie auf den Kopf. Erschrocken blickt er in alle Richtungen (Eule im Sitzen). Dann läuft er weiter.

Als es auch noch anfängt zu regnen, macht sich die kleine Kastanie in ihrer Stachelhaut noch kleiner (**Schlafende Schlange**).

Plötzlich hört sie unten etwas rascheln und leise fiepen.

Es ist ein kleiner **Igel**. Er findet keine Ruhe und schnüffelt in den Blättern herum. Seine großen Brüder und Schwestern halten bereits Winterschlaf. Doch er hat Hunger. Wo es wohl noch etwas zu fressen gibt?

»Dort hinter dem großen Stein wachsen leckere Beeren«, ruft die kleine Kastanie. Schließlich hat sie den besten Überblick. Die kleine Kastanie ist so mit dem Igel beschäftigt, dass sie etwas ganz vergisst. Sie denkt gar nicht mehr daran, sich festzuhalten.

»Danke«, ruft der Igel erfreut zurück. »Wer bist du denn?«

Gerade will die Kastanie antworten, da fängt der Wind wieder an zu blasen (**Ausatmend Windgeräusche machen**).

Noch im Fallen schreit sie: »Kati, ich bin Kati!«

Im nächsten Augenblick landet sie bereits mit einem Plumps auf den weichen Blättern.

Schmatzend kommt der Igel zurück und bestaunt die stachelige Kastanie. »Bist du auch ein Igel?«, will er wissen.

»Nein, ich bin eine Kastanie«, antwortet Kati ganz stolz. Sie ist so froh, endlich unten auf der Erde zu sein. Es kommt ihr vor, als würde sie ein bisschen wachsen. Staunend hört sie ein leises Knacks. Ihre stachelige Schale öffnet sich und sie rollt heraus. »Du bist aber schön«, ruft der Igel aus. Er bewundert ihre glatte und glänzende Haut.

Nachdem sich der Igel satt gefressen hat, kuscheln sich beide zusammen gemütlich in den Blätterhaufen. Jetzt kann der Winter kommen.

Übungsanleitung S. 37

Übungsanleitung S. 61

Entspannung

Auch du machst es dir ganz bequem und stellst dir vor, du liegst in einem weichen Blätterbett.

Vielleicht riechst du den Herbst? Die Blätter decken dich warm zu und der Waldboden ist ganz weich.

Hörst du den Wind?

Weil der Igel noch ein paar Mal blinzeln muss, kommt tatsächlich Blinzel, die kleine Wunderfee, herangesaust. Als sie die glänzende Kastanie sieht,

Entspannungs-anleitung S. 18

denkt sie für einen Augenblick an die Wunderperlen. Dann berührt sie die Kastanie und den kleinen Igel mit ihrem Zauberstab. Schon sinken beide in einen wunderbaren Winterschlaf.

Blinzel verzaubert auch dich (Sich von der kleinen Fee berühren lassen).

104

Lollo Löwenzahn

»Warum musste ich mir ausgerechnet diesen Garten zum Wachsen aussuchen?«, fragt sich Lollo Löwenzahn.

Übungsanleitung S. 15

Es ist sein erstes Frühjahr. Der warme, sanfte Regen lässt alles sprießen. Lollo mag den Regen nicht. Er schüttelt (Schütteln) die Tropfen ab.

Wenn die Sonne scheint, kommen die Mücken heraus. Sie schwirren ihm um den Kopf herum (Vogel fliegt auf). Das macht ihn nervös. Wenn sie auf ihm landen, kitzelt das.

Übungsanleitungen S. 43 und 27

Alle anderen im Garten sind sehr fröhlich. Lollo Löwenzahn aber könnte explodieren vor lauter Ärger.

Am schlimmsten sind die dummen Blumen. Wie eingebildet sie sind, wenn sie ihre riesigen Blüten der Sonne entgegenstrecken. Sie wetteifern ständig, wer die Schönste, Größte, Prächtigste ist.

»Du bist doch nur ein nutzloses Unkraut«, rümpft die Rose ihre Nase. »Warte nur, wenn die Bäuerin kommt, dann rupft sie dich einfach heraus.«

Lollo ist beleidigt, er redet kein Wort mehr mit ihr. Während er grollt, fliegt Blinzel über den Garten. Sie ist auf dem Weg zurück in das Schloss. Ganz erschöpft ist sie vom vielen Fliegen. Sie sucht einen Platz zum Ausruhen. Da sieht sie einen leuchtenden Punkt unter sich. »Das sieht kuschelig aus«, denkt sie.

Im nächsten Moment landet sie auf dem Löwenzahn. Herrlich, wie das hin und her schaukelt.

»Ich bin doch keine Hängematte«, schimpft Lollo, »runter da!« Doch alles Schütteln nützt nichts. Die Fee bleibt, wo sie ist. Sie streckt sich gemütlich aus.

»Du bist aber unfreundlich«, sagt Blinzel. »Lass doch mal Dampf ab **(Dampf ablassen),** dann geht es dir gleich besser.«

Der Löwenzahn denkt gar nicht daran. Er kann sich ärgern, so viel und so lange er will.

»Du bist ganz schön stark!« **(Die Kraft holen),** meint die kleine Fee. »Du wächst hier zwischen den Steinen, wo sonst nichts gedeiht. Du bist ein richtiger **Held.**«

Erstaunt recken die anderen Blumen ihre Köpfe. Der Löwenzahn wächst ein bisschen.

»Und du hast genau den richtigen Namen«, sagt Blinzel. Der Löwenzahn wundert sich. »Wieso?«, fragt er.

»Du trägst den **Löwen** im Namen, das ist der König unter den Tieren.«

Der Löwenzahn wächst noch ein bisschen mehr.

Ein bunter **Schmetterling** fliegt vorbei. »Schade, schon besetzt!«, ruft er. »Darf ich das nächste Mal auf dir sitzen?«

»Gern«, antwortet der Löwenzahn erstaunt. Wie nett der Schmetterling plötzlich ist … Fröhlich winkend fliegt er davon. Lollo wird derweil ganz zufrieden und entspannt zumute. Tief atmet er ein und aus.

Atem beobachten

Blinzel hat es sich inzwischen richtig gemütlich auf der weichen Löwenzahnblüte gemacht. Sanft schaukelt sie im warmen Wind hin und her. Die ersten Sterne blinken am Himmel. Sie gähnt noch einmal herzhaft und schließt die Augen. Ihr Atem führt sie nach und nach tiefer in die Entspannung. Noch im Halbschlaf hört sie den Löwenzahn: »Du kannst hier nicht liegen bleiben, sonst …« Da ist sie auch schon eingeschlafen. Sie träumt, sie sei von einer flauschig weichen Wolke umgeben. In diesem Flaum fühlt sie sich ganz sicher und geborgen. Dann fliegt sie in einer schillernden Wunderperle hoch durch die Luft und sieht den kleinen Löwenzahn von weit oben.

Wie erstaunt ist sie aber, als sie aufwacht und es um sie herum immer noch dunkel ist. »He, wo bin ich?«, fragt sie erschrocken.

»Ich habe dir doch gesagt, das ist kein guter Schlafplatz. Nachts schließt sich meine Blüte«, hört sie den Löwenzahn.

»Wie komme ich jetzt wieder heraus?«, will Blinzel wissen.

Übungsanleitung S. 77

Übungsanleitungen S. 70 und 71

Übungsanleitung S. 61

Übungsanleitung S. 45

Entspannungsanleitung S. 90

»Nur wenn die Sonne scheint«, antwortet Lollo. »Dann öffne ich mich wieder.«

»Wenn das der Troll wüsste«, denkt Blinzel, »eingesperrt in eine Löwenzahnblüte. Wo ich doch ganz schnell nach Hause muss.«

Es dauert eine ganze Weile, bis endlich die Sonne herauskommt. Langsam öffnet sich die Blüte. Blinzel will schon durch den ersten Spalt auf und davon fliegen. Doch was ist das? Der Löwenzahn hat sich verwandelt. Statt der gelben Blüte öffnet sich ein wunderschöner weißer Schirm. Er hat viele kleine Fallschirme. Sanfter Wind kommt auf und bläst die Schirmchen hoch in die Luft.

Der Löwenzahn fühlt sich wunderbar leicht und glücklich. Jetzt kann er überall hinfliegen und sich neue Plätze zum Wachsen suchen. Die anderen Blumen blicken ihm lange sehnsüchtig nach.

Die Quelle der Wunderperlen Teil 2

Die kleine Fee kommt atemlos zurück in das Wolkenschloss geflogen. Sie muss dem Troll sofort alles erzählen. Wo er nur steckt? Sie sucht ihn überall und macht sich Sorgen. Hoffentlich hat er sich nicht wieder ein gefährliches Experiment ausgedacht.

Bei der Höhle findet sie ihn schließlich.

Der Troll kurbelt wie wild an einer großen Maschine, die aus lauter Seilen und Rädern besteht. Damit zieht er Stein für Stein aus der Höhle. Der kleinen Fee bleibt vor Staunen der Mund offen stehen.

Als er aufblickt, entdeckt der Troll sie. »Da bist du ja endlich!«, brummt er.

Begeistert erzählt die kleine Fee von ihren Erlebnissen. Sie berichtet vom indischen Prinzen, von Willi dem Wurm, der sich in einen Schmetterling verwandelt hat, und von ihrem letzten Schlafplatz. Sie erzählt auch von all den vielen Kindern, die sie unterwegs getroffen hat. Wie schön es war, sie ein bisschen zu verzaubern.

»Ja und?«, antwortet der Troll, »wo hast du die Wunderperlen?«

»Oh nein«, ruft die kleine Fee entsetzt, daran hat sie gar nicht mehr gedacht. Sie sollte doch Wunderperlen sammeln. Ratlos sinkt sie auf einen Stein.

Hieß es nicht im Zauberbuch, dass sich die Perlen nicht festhalten lassen? Wie kann man sie aber dann sammeln? Sie ist völlig verwirrt.

Der Troll hat dazu keine Idee. Er kurbelt wieder mit aller Kraft an seiner Maschine. Zwischendurch flitzt er in die Höhle, um die Seile um den nächsten Stein zu binden. So purzelt mit lautem Gepolter ein Felsbrocken nach dem anderen neben die Wunderfee ins Gras. Der Troll arbeitet wie wild. Der Berg aus Steinen vor der Höhle wächst.

Die kleine Fee hat sich inzwischen die Hände auf den Bauch (**Kraft im Bauch**) gelegt, so kann sie besser nachdenken.

Übungsanleitung S. 17

Ihr Blick fällt auf einen **Käfer,** der auf dem Rücken liegt und mit seinen Beinen zappelt. Sie gibt ihm einen leichten Schubs. Er landet wieder auf seinen Füßen.

Übungsanleitung S. 35

»Danke für die Hilfe«, sagt der kleine Käfer. Schnell krabbelt er im hohen Gras davon.

»Hilfe, das ist es«, ruft die kleine Fee erfreut. »Troll, wir brauchen Hilfe!«

»Ich brauche keine Hilfe«, schnauft der Troll, »ich komme schon allein zurecht, das wirst du noch erleben.« Damit verschwindet er wieder in der Höhle.

Die kleine Fee sieht sich um, ob da nicht jemand ist, der helfen könnte.

Unter einem Pilz schläft ein **Frosch.** Die Fee stubst ihn vorsichtig an. Der Frosch wacht auf und hüpft mit großen Sprüngen davon.

Übungsanleitung S. 62

»Schade«, murmelt Blinzel, »dann muss ich eben weitersuchen.« Es dauert gar nicht lange, da kommt eine **Katze** angeschlichen. Als sie die Fee entdeckt, erschrickt sie. Sie macht einen Katzenbuckel und läuft fauchend davon.

Übungsanleitung S. 64

»Schade, wirklich schade«, meint die kleine Fee. Sie sucht weiter. Auf flinken Beinen läuft eine kleine **Spinne** durch das Gras. Bevor die Fee etwas

Übungsanleitung S. 64

Übungsanleitung S. 59

Übungsanleitung S. 58

sagen kann, ist sie bereits verschwunden. Auch die Heuschrecke lässt Blinzel keine Zeit zu fragen. Mit einem großen Satz springt sie auf und davon. Beide Tiere haben es sehr eilig.

Wer schlängelt sich denn da unter einen Stein? »Hallo, ist hier jemand?«, fragt die Fee. Ein wunderschöner Feuersalamander (Krokodil) kriecht heraus.

»Was willst du von mir?«, fragt er neugierig.

»Ich brauche Hilfe«, antwortet Blinzel und erzählt ihm die ganze Geschichte.

Der Feuersalamander hat gespannt zugehört, schließlich schüttelt er den Kopf. »Nein, da kann ich dir leider auch nicht helfen«, meint er nachdenklich.

»Ich kann dir behilflich sein«, hören sie ein feines Wispern. Der Feuersalamander huscht vor Schreck unter einen Stein.

Die kleine Fee sieht sich um, kann aber niemanden entdecken. »Wo bist du?«, fragt sie.

»Ganz in deiner Nähe«, lacht die Stimme, »schau nur mal nach oben.«

Blinzel hebt den Kopf und staunt. Sie steht unter dem Wunschbaum. Seine Äste wiegen sich im Wind hin und her. Die Blätter rascheln. Die kleine Fee fühlt sich, als wäre sie nach langer Zeit nach Hause gekommen. Sie setzt sich unter den Baum und lehnt sich an den dicken Stamm. Dieser Baum bewahrt die Wünsche aller Wesen in seinen Knospen. Glänzend und prall erkennt Blinzel unzählige kleine Kugeln. Ob ihr Wunsch auch dabei ist?

Übungsanleitung S. 26

»So ist es gut«, flüstert die Stimme, »ruhe dich ein bisschen aus. Der Troll und du, ihr müsst gemeinsam zum Sternensee finden, nur dort könnt ihr das Geheimnis um die Quelle entschlüsseln.«

»Das wird der Troll niemals tun«, seufzt Blinzel. Leise fügt sie hinzu: »Er mag mich nicht besonders.«

»Nur ein Troll und eine Fee zusammen können die Quelle erlösen«, sagt die Stimme klar und fest.

Erstaunt beobachtet die kleine Fee, wie sich eine Knospe langsam öffnet. Eine wunderschöne Blüte entfaltet sich. »Vertraue deinem Zauber, so wird ein Wunder geschehen«, hört sie es wispern.

Der Wind hat sich gelegt, die Sonne ist untergegangen. Langsam bricht die Nacht herein.

Der Troll sinkt erschöpft in das Gras. Er hat aufgehört zu zählen, wie viele Steine er schon aus der Höhle gezogen hat. Seine Arme und Beine sind schwer wie Blei. Müde blinzelt er ein wenig mit den Augen.

Da hört er ein leises Surren über sich. Im nächsten Augenblick kommt die kleine Fee durch die Luft gesaust.

»Was willst du denn?«, fragt er schläfrig.

»Dich ein bisschen verzaubern«, schmunzelt sie und berührt ihn schon mit dem Zauberstab. Der Troll ist viel zu müde, um zu protestieren. Überrascht spürt er ein warmes, angenehmes Gefühl in seinem Körper.

Sich von der kleinen Fee berühren lassen

Entspannungs-anleitung S. 18

Auch du hast es dir ganz gemütlich gemacht. So kannst du den Troll in seinem Traum begleiten.

Der Troll träumt einen wundersamen Traum.

Gemeinsam mit der kleinen Fee sitzt er mitten auf einem See in einem Boot. Es ist Nacht und die Sterne funkeln. Das Boot schaukelt auf den Wellen beruhigend auf und ab. Sie schauen in den dunklen Nachthimmel und entdecken den ersten Stern. Mit der Zeit werden es immer mehr. Der ganze Himmel ist übersät mit Sternen. Sie blinken und funkeln. Der Troll erkennt die helle Milchstraße und den großen Wagen. Er zeigt alles der kleinen Fee. Sie hört genau zu. Plötzlich flackert etwas ganz hell auf: Ein strahlender Blitz schießt über den Himmel. Es ist eine Sternschnuppe. Da schauen sich der Troll und die Fee an. Beide wünschen sich im selben Augenblick, die Quelle möge wieder sprudeln.

Die Quelle der Wunderperlen Teil 3

**Übungsanleitung
S. 36**

Der Troll wacht auf, weil ihn etwas an der Nase kitzelt. Es ist die Sonne (Sonnenschein im Liegen), die ihn geweckt hat. Hoch steht sie am Himmel.

Der Troll räkelt und streckt sich. Verwundert stellt er fest, wie gut er sich fühlt. Der Traum fällt ihm ein. Wo die kleine Fee nur wieder steckt? Er macht sich auf die Suche.

**Übungsanleitung
S. 43**

Blinzel sitzt auf der Schaukel und singt. Der Troll hat gute Ohren (Kopf- und Ohrenmassage). So findet er sie ganz leicht. Sie lacht ihn an. Zum ersten Mal freut sich der Troll, die kleine Fee zu sehen. »Komisch«, denkt er.

Er erzählt ihr von seinem Traum. Sie hört genau zu.

»Der Sternensee«, murmelt sie, »wo könnte er nur sein?« Ihr fällt ein, dass Großmutter von ihm erzählt hat.

»Vielleicht steht etwas über den See im Zauberbuch?«, meint der Troll. Sie flitzen

**Übungsanleitung
S. 78**

beide in das Schloss. Dort liegt das Buch (Buch mit Partner) aufgeschlagen vor dem knisternden Kaminfeuer.

Tatsächlich entdeckt der Troll beim Lesen einen Hinweis.

»Tief im Zauberwald versteckt liegt der Sternensee. Nur zwei Wesen gemeinsam können den Weg dorthin finden. Sein wahres Geheimnis ruht in der Mitte des Sees«, liest der Troll vor.

»Der Zauberwald«, ruft die kleine Fee erfreut, »da gibt es doch den Sternbach. Vielleicht führt er uns ja zum See.«

Der Troll hat noch nie etwas vom Sternbach gehört. Blinzel erinnert sich, was Großmutter gesagt hat. »Der Mond (Halbmond im Kniestand) weist die Richtung. Folge ihm, so findest du zum Sternbach.«

**Übungsanleitung
S. 39**

»Wir haben hellen Tag, da sieht man keinen Mond«, meint der Troll.

Blinzel überlegt. »Doch«, meint sie, »manchmal schon, ganz blass.«

Gemeinsam suchen sie den Himmel ab (Wo bist du?).

**Übungsanleitung
S. 79**

Tatsächlich erkennt Blinzel schließlich die durchscheinende Mondsichel, genau über dem Wunschbaum **(Baum mit Partner)**.

Übungsanleitung
S. 76

»Komm«, sagt der Troll und stapft los. Die kleine Fee fliegt aufgeregt hinterher.

Es dauert nicht lange und sie befinden sich tief im Wald. Hier stehen die Bäume ganz dicht. Immer wieder weiß der Troll im Dickicht nicht weiter. Die kleine Fee hat den besseren Überblick und zeigt ihm den Weg.

Plötzlich spürt der Troll etwas Nasses auf der Nase. Platsch, schon fallen die ersten Tropfen. Es fängt an zu regnen **(Alle Wetter)**.

Übungsanleitung
S. 85

Zu dumm, jetzt hat sich der Mond hinter den Wolken versteckt. Sie schauen sich um und wissen nicht mehr, aus welcher Richtung sie gekommen sind. Vom Sternbach ist weit und breit nichts zu entdecken.

Gerade wollen sie anfangen zu streiten, da landet eine **Eule** genau vor ihren Füßen.

Übungsanleitung
S. 65

»Hallo«, raunt sie. »Was macht ihr denn bei diesem Wetter draußen?«

Die Eule zeigt ihnen einen Felsvorsprung. Da können sie sich unterstellen. So werden sie wenigstens nicht nass. Erstaunt hört die Eule die ganze Geschichte.

»Den Sternensee kann ich euch zeigen«, sagt die Eule. »Allerdings ist er nur nachts zu finden, wenn der Himmel voller Sterne steht.«

»Oje«, stöhnt der Troll, »ob das heute der Fall ist?«

Der Himmel hat sich verdunkelt, Regen prasselt herab.

Da raschelt etwas hinter ihnen im trockenen Laub.

Übungsanleitung S. 78

Die kleine Fee bekommt Herzklopfen. Der Troll dreht sich um und sieht etwas glitzern. Er setzt sich in die Hocke. Eine kleine Schlange **(Kobra mit Partner)** mit goldenem Krönchen zischelt ihn an und verschwindet im Dunklen. Der Troll erkennt einen schmalen Gang. Er führt tiefer in den Berg hinein.

Während der Troll etwas von Höhlenlabyrinthen murmelt, stapft er auch schon los. Die kleine Fee saust ihm nach.

Die Eule fliegt kopfschüttelnd auf und davon.

Scheinbar endlos windet sich der Tunnel in den Berg. Die beiden wissen nicht mehr, wie lange sie schon unter der Erde sind. Der Troll muss inzwischen bäuchlings vorwärtsrobben.

Die Fee hat es gut, sie ist klein. Sie kommt überall durch. Trotzdem wünscht sie sich nichts mehr, als den Ausgang zu finden. Weiter, immer weiter bewegen sie sich durch den Berg. Sie können kaum etwas sehen. Der Zauberstab leuchtet ihnen ein wenig.

Plötzlich geraten sie ins Rutschen. Sie sausen ein ganzes Stück hinunter. Als würde die Erde sie ausspucken, landen sie schließlich wieder im Freien.

Sie trauen ihren Augen nicht.

Vor ihnen liegt ein großer, stiller See.

Es ist Nacht. Auf der spiegelglatten Wasseroberfläche funkeln und glitzern unzählige Sterne. Am Ufer des Sees liegt ein Boot. »Wie im Traum«, brummelt der Troll.

Übungsanleitung S. 84

»Kannst du rudern?« **(Rudern zu zweit),** fragt die kleine Fee.

Der Troll gibt keine Antwort. Er sieht etwas ratlos aus. »Komm, wir steigen einfach ein«, meint Blinzel und fliegt in das Boot.

Kaum hat sie sich niedergelassen, setzt sich das Boot langsam in Bewegung. Der Troll springt im letzten Augenblick hinterher.

Entspannungsanleitung S. 90

Atem beobachten

Stell dir vor, auch du sitzt im Boot. Die Wellen schaukeln auf und ab. Du hörst das leise Plätschern des Wassers. Augenblicklich fühlst du dich wohl. Du spürst deinen Atem ein- und ausströmen. Dein Bauch bewegt sich auf und ab, genau wie die Wellen.

Das Boot gleitet lautlos hinaus auf den See. Das Mondlicht lässt alles im silbernen Schimmer glänzen. Die Sterne winken euch zu.

Wie in Gedanken lässt du eine Hand in das Wasser gleiten. Als du sie wieder herausziehst, liegt ein kleiner funkelnder Stern darin. Du betrachtest ihn voller Staunen.

»Da ist ein Stern in unserem Boot«, ruft die kleine Fee ganz aufgeregt. »Troll, siehst du ihn auch?«

»Natürlich«, brummelt der Troll. »Ich frage mich nur, wo er so plötzlich herkommt.«

»Er ist vom Himmel gefallen«, sagt die kleine Fee. »Gut, dass wir ihn aufgefangen haben.«

Als du nach einer Ewigkeit aufsiehst, bricht ein neuer Tag an. Nebel liegt über dem See. Über dem Zauberwald wird es langsam hell. Vor lauter Freude zaubert die kleine Fee gelbe und rote Streifen an den Himmel. Das kann sie wirklich gut.

Langsam schwebend steigt ein roter Sonnenball auf.

Sein allererster Strahl fällt genau auf den kleinen Stern in deiner Hand.

Da erklingt ein wunderbarer Ton. Ein Ton, der mitten in das Herz trifft. Ein Ton, der an jedem Ort der Welt zur gleichen Zeit zu klingen scheint. Ein Ton, der dich mit allem verbindet.

Der Stern hat sich in eine wunderschöne Perle verwandelt. Langsam schwebt sie nach oben. Du spürst eine große Kraft. Jetzt scheint alles möglich zu sein.

»Eine Wunderperle!«, ruft die kleine Fee vor Begeisterung aus.

»Viele Wunderperlen«, verbessert der Troll. Tatsächlich schweben viele schillernde Perlen durch die Luft.

In ihnen spiegeln sich lauter bekannte Gesichter. Da ist der indische Prinz, die Muschel, Willi Wurm, Kati die Kastanie und noch viele, viele andere.

Das Allerwunderbarste aber erkennt ihr erst jetzt.

Die Quelle der Wunderperlen sprudelt wieder.

Die Quelle der Wunderperlen: Hier kannst du jedes Mal eine Perle ausmalen, wenn etwas besonders Schönes geschieht.

Anhang

Adressen

Sollte Ihnen und Ihrem Kind dieses Buch Spaß gemacht haben, lassen Sie Yoga auch weiterhin zu einem Bestandteil in Ihrem Leben werden. Wie alles ist auch Yoga eine Frage der Übung. Es gilt die Devise: Wenn etwas gut funktioniert, mache einfach mehr davon. Wenn Sie Interesse an einem Yogakurs für sich oder Ihr Kind haben, wird Ihnen der Bund Deutscher Yogalehrer gern behilflich sein. Es gibt inzwischen ein gutes Netz ausgebildeter YogalehrerInnen in Deutschland.

Yogakurse, Aus- und Weiterbildungen, zweijährige Kinderyogaausbildung:
Mandala
Institut für Yoga und Gesundheit
Hausertorstr. 46
35578 Wetzlar
Tel.: 06441/21 22 88
www.mandala-wetzlar.de

Weitere Informationen zum Thema Kinderyoga unter www.kinderyoga.de

Berufsverband der Yogalehrenden in Deutschland e.V.
Jüdenstr. 37
37073 Göttingen
Tel.: 0551/488 38 08
www.yoga.de

Modelle:
Sebastian Fleck, Josh Balßer, Lidwina und Maria Dombrowsky, Eva Meinlschmidt, Yanick Ziegler, Lina und Ines Krämer, Luisa Metzler

Buchtipps

Ayres, A. Jean: *Bausteine der kindlichen Entwicklung*. Springer 2002

Bannenberg, Thomas: *Yoga für Kinder. Die besten Übungen für jede Situation. Selbstbewusstsein stärken, Ruhe und Entspannung finden, Konzentration und Kreativität fördern.* Gräfe und Unzer 2005

Berufsverband Deutscher Yogalehrer: *Der Weg des Yoga. Handbuch für Übende und Lehrende.* Via Nova 2003

Brunhoff, Laurent de: *Yoga mit Babar.* Knesebeck 2004

Euler, Gerhild: *Fröhliche, angstfreie, gesunde Kinder durch autogenes Training und Yoga.* Selbstverlag 2004

Gibbs, Bel: *Yoga für Kinder. Spiel und Spaß für 3- bis 11-Jährige.* Urania 2005

Gruber, Christina/Rieger, Christiane: *Entspannung und Konzentration. Meditieren mit Kindern. Das praktische Handbuch für Kindergarten und Grundschule.* Kösel 2002

Goldstein, Nicole: *Hyperaktiv – na und ...? Yoga-Übungen für hyperaktive Kinder.* Borgmann 2003

Karven, Ursula: *Sina und die Yogakatze.* Rowohlt 2008

Köckenberger, Helmut/Gaiser, Gudrun: *Sei doch endlich still. Entspannungsspiele und -geschichten für Kinder.* Borgmann 2004

Langosch-Fabri, Hella: *Alte Kinderspiele neu entdecken.* Rowohlt 2003

Müller, Else: *Auf der Silberlichtstraße des Mondes. Autogenes Training mit Märchen zum Entspannen und Träumen.* Fischer 2001

Müller, Else: *Träumen auf der Mondschaukel. Autogenes Training mit Märchen und Gute-Nacht-Geschichten.* Kösel 1993

Pilguj, Sabina: *Yoga mit Kindern. Übungen und Fantasiereisen zu Hause erleben.* Urania 2002

Proßowsky, Petra: *Kinder entspannen mit Yoga. Kleine Übungen für Grundschule und Kindergarten.* Verlag an der Ruhr 1996

Proßowsky, Petra: *Hokus Pokus Asana. Yogaspiele für jeden Monat des Jahres.* Aurum 1999

Rank, Christine: *Der kleine Yogi. Kinderleichtes Yoga.* Menschenkinder 2003

Rücker-Vogler, Ursula: *Geschichten zum Entspannen. Körperübungen, Fantasiereisen, Meditationsgeschichten.* Ravensburger 1999

Seyffert, Sabine: *Viele kleine Streichelhände. Massagen und Entspannungsübungen mit Spielgeschichten.* Menschenkinder 1997

Singleton, Mark: *Yoga mit Kindern.* Nymphenburger 2004

Truckenmüller, Gabriele: *Yoga im Klassenzimmer. Ein neuer Weg, Lernhindernisse abzubauen und Lernpotenzial freizusetzen.* Selbstverlag.gabi.truckenmueller@web.de

Zimmer, Renate: *Handbuch der Sinneswahrnehmung, Grundlagen einer ganzheitlichen Erziehung.* Herder 1998

Verzeichnis der Übungen

Lockern
Dampf ablassen 77
Elefant 44
Eule 65
Explodieren 27
Frosch 62
Hampelmann 42
Huckepack 83
Käfer 35
Katze *(Marjariasana)* 64
Schmetterling 45
Schütteln 15
Seepferdchen 55
Sonnenschein 26
Wackelpudding 77
Willi Wurm 59
Wo bist du? 79

Atmen
Die Kraft holen 70
Gorilla 44
Holzhacker 16
Kraft im Bauch 17
Lachübung 42
Löwe *(Simhasana)* 61
Muschel 54
Sonnenschein in Rückenlage 36
Vogel fliegt auf 43
Zungenröllchen *(Sitali)* 73

Massieren
Alle Wetter 85
Bär und Baum 82
Faxen 85
Im Zoo 86
Kopf- und Ohrenmassage 43
Schaukel 28
Von der kleinen Wunschfee
    verzaubert 85

Asanas
Baum *(Vrksasana)* 26
Baum mit Partner 76
Bogen I 68
Bogen II *(Dhanurasana)* 69
Buch *(Paschimottanasana)* 29
Buch mit Partner 78
Delphin II 57
Giraffe 66
Halbmond im Kniestand 39
Hase *(Schaschangasana)* 37
Held *(Birwadrasana)* 71
Heuschrecke *(Salabhasana)* 59
Höhle *(Adhomukha Svanasana)* 46
Igel 61

Kamel *(Bhekasana)* 60
Kerze *(Sarvangasana)* 27
Kobra *(Bhujangasana)* 46
Kobra mit Partner 78
Krokodil *(Nakrasana)* 58
Möwe *(Fakthasana)* 62
Pyramide 38
Rudern zu zweit 84
Schlafende Schlange 37
Schneidersitz 67
Segelboot *(Trikonasana)* 80
Spinne 64
Tiger 45
Tipi 72
Unsichtbarer Stuhl 83
Welle 56
Züngelnde Flamme 68

Mein Körper im Sand 91
Mit dem Zauberteppich fliegen 92
Reise mit dem Unterwasserseeboot 93
Sanfte Ruhe 47
Sich von der kleinen Fee berühren
    lassen 18
Taucheranzug 93
Wie viele Säckchen? 81

Traumbilder

Fremder Planet 95
Heldenhafte Tat 95
Mein sicherer Ort 94
Schatzkiste 95

Entspannen

Delphin I 57
Den Atem beobachten 90
Die Wunderperle 30
Fischentspannung 40

Traumreisen

Die kleine Muschel 98
Die Quelle der Wunderperlen (Teil 1) 21
Die Quelle der Wunderperlen (Teil 2) 106
Die Quelle der Wunderperlen (Teil 3) 110
Kati, die mutige Kastanie 102
Lollo Löwenzahn 104
Willi Wurm 99

Bewegung und Entspannung mit Kindern

Christina Gruber, Christiane Rieger
ENTSPANNUNG UND KONZENTRATION
284 S., mit zahlr. Abb.,
Spiralbindung
ISBN 978-3-466-36586-9

Ludwig Koneberg,
Silke Gramer-Rottler
DAS BEWEGTE GEHIRN
112 S., mit zahlr. Abb.,
kartoniert
ISBN 978-3-466-30650-3

Else Müller
TRÄUMEN AUF DER MONDSCHAUKEL
126 S., farb. Ill. von
Alice Meister, Gb.
ISBN 978-3-466-30350-2

dazu die gleichnamige CD
Best.-Nr. 978-3-466-45696-3

Sylvia Lendner-Fischer
BEWEGTE STILLE
114 S., zahlr. farb. Fotos, Gb.
ISBN 978-3-466-30652-7

Kompetent & lebendig.
LEBEN MIT KINDERN

Kösel-Verlag, München, e-mail: info@koesel.de
Besuchen Sie uns im Internet: www.koesel.de

Kinder stark machen fürs Leben

Mary Atkinson
HEILSAME BERÜHRUNGEN FÜR MEIN KIND
144 Seiten. Kartoniert
ISBN 978-3-466-30865-1

Susanne Stöcklin-Meier
WAS IM LEBEN WIRKLICH ZÄHLT
220 Seiten. Gebunden m. Schutzumschlag
ISBN 978-3-466-30638-1

Ingrid Dykstra
WENN KINDER SCHICKSAL TRAGEN
176 Seiten. Gebunden m. Schutzumschlag
ISBN 978-3-466-30575-9

Sabine Seyffert
KLEINE MÄDCHEN, STARKE MÄDCHEN
96 Seiten. Kartoniert
ISBN 978-3-466-30791-3

Kompetent & lebendig.
LEBEN MIT KINDERN

Kösel-Verlag, München, e-mail: info@koesel.de
Besuchen Sie uns im Internet: www.koesel.de